阅读力

唐琪凯 著

台海出版社

图书在版编目（CIP）数据

阅读力 / 唐琪凯著. -- 北京：台海出版社，2020.7

ISBN 978-7-5168-2683-6

Ⅰ.①阅… Ⅱ.①唐… Ⅲ.①读书方法 Ⅳ.①G792

中国版本图书馆CIP数据核字(2020)第137961号

阅读力

著　　者：唐琪凯

出 版 人：蔡　旭　　封面设计：邢海燕
责任编辑：姚红梅　　选题策划：三鼎甲

出版发行：台海出版社
地　　址：北京市东城区景山东街20号　　邮政编码：100009
电　　话：010-64041652（发行，邮购）
传　　真：010-84045799（总编室）
网　　址：www.taimeng.org.cn/thcbs/default.htm
E-mail：thcbs@126.com

经　　销：全国各地新华书店
印　　刷：河北盛世彩捷印刷有限公司
本书如有破损、缺页、装订错误，请与本社联系调换

开　　本：710毫米×1000毫米　　1/16
字　　数：204千字　　印　　张：13.25
版　　次：2020年7月第1版　　印　　次：2020年7月第1次印刷
书　　号：ISBN 978-7-5168-2683-6

定　　价：42.00元

序言

关于读书的价值，有人说“万般皆下品，惟有读书高”，还有人说“十有九人堪白眼，百无一用是书生”。

这是一个很奇怪的现象，同样是读书，为什么会出现两种截然不同的言论？其实，不光是读书，类似的言论还有很多，比如：

有人说“人定胜天”，就有人说“天意难违”。

有人说“宁为玉碎，不为瓦全”，就有人说“留得青山在，不怕没柴烧”。

有人说“在天愿作比翼鸟，在地愿为连理枝”，就有人说“夫妻本是同林鸟，大难临头各自飞”。

这些观点都是截然相反的，但各自看来又都很有道理。你唯一需要做的，是去判断在什么立场、什么情况、什么条件下，哪一个观点可以成立。

所以，当我们看待这个世界时，不要把对错当成衡量事物的唯一标准。只有掌握这一点，我们才能在人生的道路上更加自由畅快地迈步前进。

此时让我们再回来审视一下读书的价值。读书到底有没有用？按照以上的思考方式，我们可以说读书是无用的，也可以说读书是有用的。但答案的关键不在于书本身，而是在于读书的人。

古人讲："书犹药也，善读之可以医愚。"很多人看到这句话会想到自己该多读点书了，但往往会忽视其中最重要的"善读"二字。事实上，读书之路，能读得多并不等于能读得好，因为只有真正善于读书的人，才能把书读出价值，才能让读书成为有用的事情。而是否善于读书，归根结底还是取决于读者自身是否具有强大的阅读力。

在现实生活中，劝人读书的很多，但教人读书方法的却很少。结果缺少读书方法的人，就只能眼睁睁地看着自己在阅读的海洋里做无用功。

请你想一想，在读书上你是否曾遇到过以下这些问题：

- 知道读书很有用，就是迟迟不行动。
- 羡慕别人读书时能乐在其中，而自己却总是读不进去。
- 读完的书一合上就全忘了，感觉就像没读过一样。
- 总是不受控制地逐字逐句地读，不仅读得慢，还常常走神。
- 读完的书总是抓不住重点。
- 欣赏别人一年读几十本、上百本的书，但是自己一年下来却只读了寥寥几本，而且还有许多是半途而废的。

如果你现在正遭遇以上这些问题的困扰，而且也正想解决，那么阅读本书将会是你最佳的选择，因为这本书里有你想要的关于读书问题的答案。

最后提示一点，本书中的阅读技巧大多适用于实用类书籍，诸如文学小说、散文诗集、课程教材等内容，并不完全适用，希望读者能够辩证地理解和应用书中技巧。

唐琪凯

2020年7月20日

前言

在21世纪这个信息爆炸的时代里，我们所要学习的知识和要读的书都在成倍地增长。据不完全统计，现在中国每年出版的新书高达20多万种，图书的总量浩如烟海。假使我们每年能读100本书，而且从1岁能一直读到100岁，终其一生也不过能读1万本书而已，还不及中国出版界一年出版量的二十分之一。

在海量的信息面前，我们正变得异常“脆弱”——不知道自己该读什么，也不知道如何读，“知识焦虑”阵阵袭来！

然而焦虑是无意义的，因为知识是学不完的。庄子曾说过：“吾生也有涯，而知也无涯，以有涯随无涯，殆矣。”其实这句话就是在告诫我们，在面对无穷的世界时，不要用有限的时间去追赶无限的知识。我们应当“以有涯随有涯”“以有限对有限”，把时间和精力放在更有意义的内容上——那些能够帮助你理解人生、分析眼前世界、满足好奇心并能解决你遭遇到的问题的知识，才是你值得花费时间阅读的内容。

要读什么书?

具体要读什么书呢？建议你带着以下三种精神去选书。

第一，科学精神。

多读具有科普性和原理性的书，这类书可以帮助你掌握和了解这个世界的真相和规律，提升你的理性思考能力，从而让你眼前的世界变得更加清晰，让你对世界的理解变得更加准确。

就像上学阶段我们所学习的生物、物理、化学、历史、地理等学科内容，都是属于科普性知识和原理性知识，它们的核心价值就是帮助我们正确地理解这个世界，增强我们的理性判断能力，最终让我们的思考与决策变得更加靠谱。

总之，在读书的路上，要多去了解更多不以人意志为转移的客观规律与世界真相，这会使我们思考更严谨、行动更准确、活得更通透。

第二，文学精神。

多阅读优质的文学类作品，这类书籍可以帮助我们丰盈内心、加深生命体验，进而为生命带来更多的力量。

《孤独的小说家》这本书里有这样一句话：“在生活苦不堪言的时候，在人生失去方向的时候，在厌恶一切的时候，无意中拿起一本书，它能推你一把，让你迈出新的一步，让你产生重新面对社会的勇气，连一本滑稽可笑的书里，也有拯救生命的力量。”

其实每一部文学作品都是在为读者呈现一个新世界，而阅读的过程，便是让读者走进去。在那里，有我们从未去过的年代、从未到过的远方、从未见过的人，还有从未体验过的人生。阅读这样的书籍，不仅会增加我们的人生体验，还可以让我们从不同角度去理解人生，进而促进我们思考，给我们带来力量。

这类书籍在读完之后，最终能记住多少内容、多少情节并不是最重要的，因为在阅读的过程中，新世界的“经历”会一步步内化到你的潜意识中，最终成为你不可分割的一部分。

其实读书是一个把别人的经历变成自己的阅历、把别人的知识变成自己的见识的一个过程，在这个过程中，我们可以把短暂的一生活出几辈子的长度！

第三，实用精神。

什么是阅读中的实用精神？它是一种解决现实问题的思维模式。真正的人生是一个不断遇到问题并解决问题的过程，在这个过程中，我们最需要的并不是鼓励和安慰，而是解决问题的方法。

当你把人际关系搞得一团糟的时候，你需要听到的是“提升社交能力的秘诀”，而不仅仅是一句“别在意，大家以后会理解你”这样的安慰。

事实上，我们人生中所遇到的99%的问题，早都已经有人解决过了，而这些答案也被写成了一本本书。其实你遇到的每个问题，它的背后都有一本书在等着你，你与其在困惑中原地驻足，不如行动起来去书中寻找答案。

曾经有一个人十分崇拜杨绛先生，在高中快毕业的时候，他给杨绛先生写了一封长信，信中除了表达自己的仰慕之情，还说了许多自己的人生困惑，并希望得到答案。结果杨绛先生在回信中写了一句直戳心窝的话，她说：“你的问题主要在于读书太少而又想得太多。”

以杨绛先生的学识，去回答一个高中生的困惑并不难，但是她更希望对方能懂得自主学习，能够在遇到问题时少胡思乱想，多去书中获取答案。总之，人生种种困惑，书中自有答案。

以上三种精神，便是读书的三大方向。至于如何才能找到适合你的具体的好书，还是要多读书才行。正所谓“观千剑而后识器”，你读的越多，你的判断力才会越强，此时你才能在众多书中一眼找到那本最适合你的书。

人的改变并非“一书之功”

有许多学员常常跟我说：“唐老师，你给我推荐一本书呗。”

起初我也以为他们只是想找一本好书来读，但是后来我才明白，那些总想被推荐“一本书”的人，往往都怀有一种“急于求成”的心理，他们在潜意识里希望通过读一本好书，就能极大地改变自己的现状，让自己得到精神的洗礼和思想的蜕变。

很显然这是一种妄想。

在读书的道路上，真正能改变一个人的，根本不是你读过的某一本书，而是你读过的所有书。常言道：冰冻三尺，非一日之寒。一个人想通过读书来改变人生，就要耐得住这份寂寞。然而，一个人在读书的初期，会因为没感觉到具体的收获而误认为读书并没有什么意义。

事实上，很多事情在刚开始做的时候都看不到意义。这就像砌墙一样，如果你此时只砌好了第一排砖，那么每一块砖都是没有意义的，因为它现在无法起到遮风挡雨的作用，只有你把它砌到一定高度时，它的价值才会体现出来。

而读书的道理亦是如此。你读的每一本书，都如同一块砖一样砌在你的大脑中，它们会逐步形成一道“书墙”，当这面墙砌到一定高度时，它的价值才会充分显现出来。

自律是最大的谎言

想坚持读书必须靠自律吗?

那些认为读书必须靠自律的，其实还没理解人性的特点。人的天性里充满了离苦得乐的欲望，而自律恰恰是违背这一欲望的——它需要人远离快乐、靠近痛苦。所以我们常常能看到，当一个人逼迫自己坚持做一件事情时，结果不是不尽人意就是半途而废。

事实上，真正的自律不是自虐，一个人想要做到真正的自律，他需要释放出更大的欲望，然后用更大的欲望去征服眼前想偷懒的小欲望。读书也是一样，如果想让自己真正沉下心来坚持读书，那么你要有更明确的追求和更强烈的欲望。相反，那些为了读书而读书的人，往往是坚持不下去的。

想一想周总理说过的那句“为中华之崛起而读书”，我们就能明白，真正的自律，靠的不是自我压迫，而是一个更加伟大的梦想与追求。说到这里，也让我想到了尼采所说的一句话：“一个人知道自己为什么而活，他就能够忍受任何一种生活。”

尤其是正在培养读书习惯的人，如果想在读书的道路上真正地坚持下去，就一定要给自己建立新的信念系统，要让自己拥有更大的欲望和更高的追求。

最终，人会因梦想而伟大、因读书而改变、因行动而成功!

目　录
CONTENTS

Chapter 01

×

第一章

不爱读书——为什么我们不喜欢读书

在读书这件事儿上，读者遇到的第一大问题，不是读不进去书，也不是读完书就忘，而是根本不爱读书。

判断一个人不爱读书的标准是什么呢？

关键就是在阅读量上。

如果你已经记不清自己曾读过多少本书了，那么你也可以根据自己年均读书量来进行判断。假如你的年均读书量少于5本书的话，你就要被划分到不爱读书的人群当中去了。

现在请思考一下，你自己是否符合上述状况。如果符合，请你继续往下阅读，因为本书的前两章会为你解析“不爱读书”和“读不进去”的核心原因，并帮助你解决这一类的问题。

1.1　生理原因：人，天生就不是读书的料

1.1.1　相比于文字，大脑更喜欢图像

不爱读书的人，或多或少都想过，自己似乎并不是读书的料。但严谨一点讲，这种想法并没有错，因为没有人天生就是爱读书的。

如果你发现自己不爱读书，其实不必去纠结自己的的天赋问题，因为有大量事实都在向我们证明——“人，天生就不是读书的料”。

到目前为止，人类已经走过了700万年左右的进化历程，但是人类发明、创造有系统的文字的历史，还不足5000年的时间。

《说文解字》里曾记载，在上古时期，轩辕黄帝身边有一位名叫仓颉的史官，专门负责造字。当时，他在民间广泛收集既有的图画，然后不断地进行加工整理，最终完善出了一套系统的文字。

中华子民也是从这时开始，才逐步摆脱了低效率的“结绳记事”等记录方式，改用了文字。而这件事情发生的时间，大约是在公元前26世纪。

假如我们从仓颉造字开始算起，我们中华文字的历史也只有4600年左右。那么4600年的时间算不算长呢？

《道德经》中有句话是这样说的："有无相生，难易相成，长短相形，高下相倾，音声相和，前后相随。"这句话很有智慧，它告诉我们，万事万物都是在对比当中建立起认知的。

所以说，4600年是长是短，还要看怎么对比。对于一个人的一生而言，这是一个漫长的时间。但是，对于整个人类漫长的进化史而言，4600年非常的短暂，不过是沧海一粟罢了。

当"4600年"和"700万年"这两个数字放在一起时，我们就能发现，在人类漫长的进化过程中，读书识字这件事，实在太渺小了。

事实上，人类全面普及识字的能力，就是扫盲这件事，也不过是在近几十年里才完成的。然而这也仅局限于发达国家，目前仍然有很多发展中国家的国民识字率不超过50%。也就是说，在一部分国家中，现在还有一半左右的人口是不识字的。总而言之，人类开始全面使用文字的历史是很短暂的。

从生物进化的角度来看，这个时间周期还不足以改变人类进化了数百万年的大脑结构。从某种程度上而言，我们的大脑，在天性上并不适合阅读文字。

那么在没有出现文字之前，人类又是如何进行学习的呢？

主要是通过观察和模仿。实际上，人类是一种视觉化的动物，在获取外部信息时，80%以上都是依靠视觉。所以，人在学习新东西的时候，往往更善于通过观察的方式进行模仿式的学习。

神经科学领域最高奖项"大脑奖"（Brain Prize）获得者贾科莫·里佐拉蒂在《我看见的你就是我自己》一书中提到，人脑中有一种神经元叫作镜像神经元，它位于人脑的前运动区和布洛卡区，它的主要功能是促使人去模仿身边的人。有了镜像神经元，人类才能通过模仿开始自己的学习过程，如果没有它，人的认知是无法得到发展的。

你可以想象一下，当一个原始人想学习钻木取火时，他会怎么办？他会想到去看一本《钻木取火全攻略》吗？很显然这是不可能的。实际上，“聪明”的原始人会找到一个会钻木取火的同伴，然后去观察这个同伴是如何钻木取火的，边看边模仿，之后再通过反复的尝试，让自己学会这项新技能。

事实上，正是这种观察和模仿的能力，才使得人类可以不断地复制经验，实现快速进化，最终从动物界当中脱颖而出。可以说，**观察和模仿的能力是人类自我发展的核心能力。**

人脑的结构特点决定了我们会更加喜欢视觉化的信息，而不是抽象化的信息。

但遗憾的是，读书人所面对的文字，恰恰是一堆抽象性的信息符号。当我们阅读这些内容时，大脑就要花费精力去理解这些内容，此时精力花费得越多，大脑就会越疲惫。当大脑疲惫到一定程度时，甚至会自动进入“关机”的状态。

所以说，不爱读书并不是一种毛病，而是每个人的天性，大家都一样。

1.1.2 人是三分天性，七分习性

前面之所以会从人类演化的角度来分析不爱读书的原因，是希望你以后不要再纠结于“读书天赋”的问题，因为没有任何人天生就具备读书的能力。

事实上，那些特别爱读书的人，都是后天培养出来的。

比如说高晓松这个人，他学识渊博，而且阅读量也很惊人。但是他曾经在媒体上公开说过，自己在小时候并不爱读书，后来是被家人关在书房里，实在没事可干，才开始一本一本地读书，没想到这一读，就渐渐爱上了读书。

你看，即便是高晓松这样的读书人，也完全是靠后天培养出来的。所

以说，有些事情你一时做不好，但不代表你会一直做不好。而且也有研究表明，人脑的可塑性是终身的，人终其一生，都会因习得新的经验而不停地重塑大脑。可以说，人是三分天性，七分习性。

因此，我们不要对自己做出任何“一票否决”式的评判，也不要因为一时的不爱读书，就认定自己根本不适合读书。你要相信一点，只要方法正确，每一个人都可以重塑自己，让自己告别不爱读书的状态。

具体该如何改变呢？

接下来，我将为你分享4种改变读书状态的最佳方法，让你一步步变得热爱读书。

1.1.3 改变读书状态的 4 种方法

1.“好好说话”

改变自己读书状态的第一步，要从说话开始。学诚法师就在《好好说话》一书里说过，**“每个人都在过着自己嘴上所说的人生”**。

如果你经常说“好的”“会有办法的”“能做得更好”等，那么当你遇到了困难时，也总是能顺利度过。相反，如果你每天都嚷着“太糟了”“没办法了”“我不行”等，你会发现，自己遇到的问题就会越来越多。

所以说，你不必把“我不是读书的料”“我不爱读书”等类似的想法挂在嘴上，因为说的时间长了，它真的会变成现实，在心理学上，这就叫作“自我预言实现”。因此，你最好经常说**“我可以提升自己的读书能力”“我能够掌握更多的读书方法”“我可以变成一个爱读书的人”**等。

积极的语言模式，并不是像一个秃子对着镜子说“我有头发，我有头发！”的这种自我欺骗。它是帮助我们转换思考的角度，避免把注意力放在事物消极的一面，而是多去关注事物积极的一面。

不断使用积极的语言，引导自己多去做建设性的思考，能让自己的心智模式产生变化，开始去主动思考如何采取更有效的行动，而不是总去想自己会遇到什么样的障碍。

当我们对自己设限时，才是前进最困难的时候。人生中的许多事情，不能等做到了再去相信，而是相信了才能做到。读书亦是如此。

总之，能“好好说话”的人，才能更好地读书。

2. 阅读图像化的内容

回想一下，小孩子是如何开始学习阅读的？事实上，小孩子都是通过看图学拼音、看图学写字等形式开始掌握阅读能力的，其中图片是核心。

事实上，一张形象的图片，可以瞬间激活大脑中的相关信息。有研究表明，人脑处理视觉内容的速度，要比文字快6万倍，绝对是一图胜千言。关于这一点，我们也可以这样来理解：相比于文字，大脑更愿意看图片化的信息。所以说，小孩子所用的学习资料，非常符合人脑的运作规律。

然而我们成年人所读的书籍，大部分都不符合这一规律，甚至是极其缺乏图片性的内容。

从上面的逻辑来看，如果读者想培养自己的读书兴趣，就不妨先找一些漫画型的书籍来看。如《半小时漫画中国史》《半小时漫画经济学》等，这一类漫画型的书籍可以帮助读者快速培养读书兴趣，同时还能让自己读有所获。相比于去读一些纯文字类型的书，效果要好很多。

总之，在培养阅读兴趣的阶段，读者需要主动降低阅读的难度，多看一些图像化的内容。正如老子所言：“天下难事必作于易，天下大事必作于细。”从小处、易处着手，读者才更容易把自己培养成一个爱读书的人。

3. 用多巴胺带动阅读

想让自己喜欢上读书，你还要学会去刺激自己分泌多巴胺。

多巴胺是我们大脑中的一种神经传递物质，它是由体内的酪氨酸生成的，能够给人带来开心和兴奋的感觉，属于大脑中的“奖励”系统。

生活中那些容易让人上瘾的事情，如游戏、电视剧等，它们都能够有效刺激人的大脑分泌多巴胺，使人产生愉悦感，甚至是让人沉浸其中，无法自拔。同样的道理，在读书时，我们也可以利用类似的方法来刺激大脑分泌多巴胺，进而使自己产生更高的阅读积极性，甚至读书上瘾。

多巴胺的分泌有两个关键节点，一个在我们设定目标时，一个在我们完成目标时。比如说，一个人去买彩票，对他来说，有两个节点的情绪最为高涨，一个是决定去买彩票的时候，因为此时设定了一个目标；另一个是中奖的时候，因为目标实现了。

那么这种状态如何迁移到读书方面呢？

首先，你需要给自己定一个读书目标。比如说，计划一个月读完1本书，一年读完12本书。目标设定好之后，你就会有读书的基础动力。

当然，这个目标需要根据你自身的情况来定，能让你感觉到兴奋的目标才是合格的。比如说，我在使用这个方法读书时，会给自己定一年读100本书的任务，虽然量大，但效果非常好。因为一想到自己将要掌握100本书中的知识与智慧，整个人就会感觉很兴奋，此时读起书来会动力十足。

成年人阅读不能一味地依赖兴趣，要学会用任务来驱动自己，因为大多数人的兴趣是很有限的。总的来说，当你制定了一个有意义的目标时，你的大脑会开始分泌多巴胺，从而让你变得有干劲，最终促使你完成目标。

其次，在完成读书目标后要奖励自己。比如说你读完1本书后奖励自己去看一场电影，又或者给自己买一样喜欢的东西。如果你希望体验到更有刺激性的激励效果，那你可以制定一些“奢侈”的奖励目标，比如说，完成一年度的阅读目标时，奖励自己一次出国旅行——我自己通过这种奖励方式已经走过了十多个国家。

最后还要提示一点，你必须认可并严格遵守自己所设定的“游戏规则”，否则它将起不到任何作用。

虽然说奖励方式看起来有一些“幼稚”，但是目标与奖励的组合的的确确是一个有效的激励方式，它可以帮助读者顺利度过不爱读书的阶段。但必须注意的是，千万要避免自己陷入“虚荣”的状态，永远不要为了凑数而盲目读书，毕竟读书的目的是为了不断开拓自己、增长知识。

4. 写下100个读书的价值

如果一个不爱读书的人经常说“读书有用”，这往往会是一句“谎话”。事实上，思维决定行为，一个人不喜欢读书，那么他对读书价值的认识必然存在缺陷。

似乎所有人都知道读书是有用的，然而很少有人会意识到，自己对“读书有用”的理解是很模糊的。我问过许多人这样的问题：“你认为读书有什么用?”得到的答案往往是很笼统的，如“读书可以更有发展”“读书能改变命运”“读书能让自己更有文化”等。甚至有人会把自己人生中遇到的绝大多数问题，都归结于是读书少造成的，然而他们依旧没有在读书上付出更多的努力。

后来我才理解，虽然很多人嘴上都说着“读书有用”，但是他们并没有真正意义上理解过读书的价值。最终，这些缺乏深度思考的观点，都没能通向真实的行动。所以说，**不爱读书只是表象，没看到读书的价值才是真相**。

那么读书到底有什么用呢?

这个问题你不能向外求，不能听别人讲，你必须拿出自己的答案。建议你先静下心来做一个头脑风暴，想一想读书到底有什么价值。然后，请你把答案写在这本书的空白地方，尽可能写到100个。如果写不到100个也没关系，重点是你要独立思考，去挖掘你内心深处的答案。

在写的过程中，不必追求严谨，你想到了什么，就写下来什么。你不仅可以写一些管理技巧、心理学、经济学等知识性的收获，你还可以写“读书可以使家庭氛围更和谐”“读书有利于日后社交”“读书能让自己找到更好的另一半”等不同角度的价值。通过这种方式，你能够清晰地反思出读书究竟能给你带来什么。

接下来，请你一直写，一直写，直到自己的思路穷尽为止。在你写完之后，相信你对读书的价值的理解，一定会上升一个层次，而且会更加认可读书的价值。因为这是你亲自总结出来的答案，你会发自内心地认同它们。毕竟被人灌输的思想总是空洞的，而自己悟出的答案才是深刻的。

以上这4点，都是改变读书状态的最佳方法，希望你可以根据自己的情况，灵活地运用它们，使自己爱上读书。

1.2　心理原因：习得性无助的读书心理

1.2.1　你有习得性无助的读书心理吗

除了生理因素的问题以外，还有一个心理因素也会导致人不爱读书。比如说，读者在遇到了读不懂的内容时，如果还硬着头皮去读，往往就会使自己感觉到受挫。此时，读者会很容易产生习得性无助的读书心理，开始厌烦读书。

什么是习得性无助呢？

习得性无助是一个心理学上的概念，指人或动物在持续不断地遭受挫折时，产生的一种无助的心理状态。

美国心理学家塞利格曼，曾在1967年用狗做过一项经典的实验：他把狗关在笼子里，给狗施加难受的电击，由于狗被关在笼子里，无法逃避电击，它就会在笼子里开始狂奔，惊恐哀号，承受痛苦。多次实验以后，再次被电击的狗，会直接趴在地上，一直惊恐哀叫，不再狂跑，此时这只狗已经放弃了挣扎。

后来实验者在开始施加电击时，会提前把笼门打开，此时这只狗明明可以很轻松地逃出，但是它依然会站在原地不动，就像笼门从未打开过一样，最后习惯性地去承受电击，直到结束。

在面对问题时，明明可以主动去解决，但由于受到过往经验的影响，而自动判定自己没有能力解决，从而选择去被动地承受问题，这就是习得性无助的典型表现。

在生活当中有许多类似的案例。

有一次我去泰国旅行的时候，发现了一个很有趣的现象：只要有人将一根铁棍儿插在大象旁边，并用一根铁链把大象的腿拴在铁棍儿上，大象就不会走远。

当时我就在想，以大象的力量来看，它是可以轻松挣脱出来的，那么它为什么不挣脱呢？后来听导游说，这是因为大象在很小的时候，就会被拴在一根铁棍儿旁边，当时它们是会用力挣扎的。但是，小象的力量无法挣脱掉铁链，尝试一段时间后，它就会彻底放弃了。随着日子一天天过去，小象长成了大象，也充满了力量，但是只要把它拴在铁棍儿旁边，它依然不会挣脱。此时的大象已经养成了一种思维定式——只要腿被拴在铁棍儿上，自己就无法挣脱。

当一个人在一件事情上反复失败时，他就会被培养出一种类似的思维定式，认定自己在某些方面就是不行，从此放弃在这一方面努力。

这就好像一个学生多次尝试努力学习，但考试成绩依旧很糟，于是这个学生就会认为自己不是学习的料，便不再尝试去努力学习。而且当他再次面对新的学习任务时，会自然而然地从内心产生一种无助感，不等去尝试学习，就开始直接否定自己，认为自己学不会。事实上，此时他并不是真的不行，只是他认为自己不行。

在习得性无助的状态下，人们往往会自设樊篱，把各种失败的原因都归结为“不聪明”“没天赋”“不适合”等自身无法改变的因素，从而使自己失去了再次尝试的勇气和信心。之后再面对同种类型的事情时，整个人就会“破罐子破摔”，在尚未开始时就自动放弃。

读书这件事情同样如此，很多人之所以不爱读书，就是因为在读书这一方面长期受挫，使得自己一想到要读书，就会感到很无助、无力。久而久之，便默认了自己根本不适合读书，从此就开始拒书于千里之外。这便是读书上的习得性无助心理。

读书上的习得性无助心理是如何一步步产生的呢？

如果有机会的话，建议你再翻一翻上学时所读的语文课本。也许你会惊讶地发现，里面很多的文章内容，对现在的你而言，依然是枯燥无趣且不易理解的。尤其是那些外国文学作品，翻译过来的文字不仅怪僻生涩，而且历史背景和生活环境也与我们相距甚远，这样的内容很难引发阅读兴趣。

还有一部分古诗词也是一样，虽然文字优美，但是里面所描写的春愁、秋愁、离别、国破家亡等情感，是学生时期的人很难体会到的，对于那些体会不到的东西，还要硬生生地去理解，确实会非常伤害一个人的阅读兴趣。

一直以来，我们的语文教育让太多的人从学生时期就失去了阅读兴趣。当时一点点积累下来的阅读挫败感，就像在服用微量的“毒药”，一时间看不出来影响，但日积月累，危害极大。——它会让一个人产生习得性无助的心理，也会使人一想到书，就产生一种无力感，觉得读书太难。反观我们现代社会里的大学生，毕业之后还能坚持读书的人其实并不多，甚至有的人毕业之后几乎就不再读书了。

现在请思考一下，你自己是否符合习得性无助的状态呢？下一节会为你提供这一问题的具体解决方法。

1.2.2 在读书中主动创造赢的体验

想打破习得性无助的读书状态，关键就是要多去创造读书中的赢的体验。什么是读书中的赢的体验？就是读者能够轻松把书读懂、读完的过程。

在读书时，读者要尽可能避免产生痛苦、纠结和半途而废的感觉。读者每一次因读不进去、读不懂的问题而放弃阅读时，都会体会到一种输的感受，这种体验多了，人就会开始对读书产生心理压力。

其实人就是这样一种害怕失败、容易止步不前的生物。因此，读者在读书时要尽可能避免自己出现输的体验，相反，要多去主动创造赢的体验。

创造赢的体验的方法很简单，就是多读一些对你而言相对容易的书，最好是既简单又薄的书。不论怎样，薄的书它也是一本书，读完以后，它给你带来的成就感和赢的体验是一样的。

其实这个过程就像是玩一场游戏，如果玩家在初期想让自己有较高的积极性，那就不能一上来就挑最厉害的对手去挑战。此时一定要选择比自己稍弱一点的对手，通过一场场胜利来增强自己的自信心，这样你会变得更愿意参与其中。

当我们不断产生赢的体验时，以前读书中的心理压力会逐渐消失。而且每完成一次阅读，我们体内还会分泌一定量的多巴胺，它可以增强我们的注意力和处理信息的能力等，同时我们的自我效能感也会得到大幅提高。

“自我效能感”一词是由美国斯坦福大学心理学家阿尔伯特·班杜拉在20世纪70年代首次提出，它指的是一种“我相信我能”的人生状态。

当一个人的自我效能感高时，他就不会轻易说自己不行，也不会轻易说放弃，这样的人总是会充满自信，而且勇于行动。

提升一个人自我效能感的最好方式，就是不断地让他产生赢的体验，长此以往，习得性无助的读书心理就会逐渐消失殆尽。

我曾经也有过习得性无助的读书心理，事后回想，才意识到这种心理是从自己小时候看《中国少年儿童百科全书》开始的。当时家里买的是4本一套的精装图书，自己特别地喜欢，于是就下了决心，要把这4本书读完，争取以后当一个有学问的人。可是好景不长，书里面带图画的页面已经被翻过了几十遍，但是一读到正文部分，我就会很快“投降”——实在是看不下去，书中抽象的描述和复杂的概念，让年幼的我无力去理解。久而久之，自己就陷入一种习得性无助的读书状态：一想到要读书，就会有一种无力感。

这事直到上中学的时候才迎来转机，当时有人送了我一本《夏洛的网》，由于这本书既简单又好看，所以我第一次成功地读完了一本课外书。读完的那一刻，自己的确感受到了强烈的赢的体验，也是从那次开始，我才逐渐喜欢上了读书。可以说这一本简简单单的童话就算是我的启蒙读物了，虽然来得晚一些，但总比没来要好。

其实人生最可怕的根本不是失败，而是失败之后不再相信自己能做到。加西亚·马尔克斯在《百年孤独》中说过这样的一句话：“每一个生命都有灵魂，只是怎样唤醒他们。”其实在读书方面，我们每个人也都有一个待唤醒的灵魂，关键就在于我们能否在恰当时机，通过一本“简单”的书来敲醒它们。

总而言之，不善读书的人，要多尝试着去完成一些简单的挑战，多给自己制造赢的体验，以提升自我效能感，从而摆脱习得性无助的读书心理。

正所谓“万丈高楼平地起，辉煌还得靠自己”。无论过去有怎样的境遇，只要自身肯努力，我们都可以重塑自己的读书状态。请你用心将这些方法尝试一段时间，相信一定会遇见一个不一样的自己。

本章总结

1. 如果你不爱读书，不必纠结自己是否有读书天赋的问题，因为人天生就不是读书的料，这是由大脑的生物性特点决定的。

2. 人是三分天性，七分习性。通过后天的努力，人人都可以培养起读书的兴趣。

3. 改变读书状态的4种关键方法分别为“好好说话”“阅读图像化内容”“用多巴胺带动阅读”“写下100个读书的价值”。

4. 不爱读书的人大多有习得性无助的读书心理，这是由于自身在阅读时反复受到挫折而引发的。主动创造读书中的赢的体验，才能有效摆脱习得性无助的读书心理。

5. 阅读既简单又薄的书更容易获得赢的体验。

Chapter 02

×

第二章

读不进去——影响阅读效率的三大因素

在解决完不爱读书的问题后，接下来就要解决读者在阅读中所面临的第二大问题——读不进去。

比如说，有些人在读书时常常会出现两眼出神、焦虑不安、心浮气躁等问题，还有一些人一读书就会犯困，哈欠连天……

此时，我们不得不思考一下，为什么很多读者都会出现读不进去的问题呢？关于这个问题我还做过具体的问卷调查，结果显示：80%以上的参与者都认为，读不进去书的根本原因是自身的阅读能力太差。

虽然读不进去书确实存在读者自身阅读能力薄弱的原因，然而这并不是唯一原因。当读者读不进去书时，一定要在第一时间去反思手上的书是否“有问题”。因为读者读不进去书时，书本身也一定会有一些脱不开的关系。

2.1　客观因素：书的问题

2.1.1　选书不接地气

书会存在什么问题呢？主要是不接地气。

这里所说的地气，是指读者自身的知识储备。当一本书中所讲述的内容与读者的生活经历、知识体系都缺少交集时，我们就可以说这本书很不接地气了。

记得有一次，我在微信上看到了一条朋友圈动态，上面写道："最近新买的书终于到了，这两本书够我装了吧？"因为有配图，我就仔细看了一下是什么书，我清晰地记得其中一本是阿莫斯·特沃斯与丹尼尔·卡尼曼合著的《选择、价值与决策》。

看到这本书之后，我内心的第一反应是："嗯，这本书绝对够你装的了。"但是我内心的第二个反应是："但这书也就只能拿来发朋友圈装装了，估计你是看不进去的。"

之所以会有这个判断，是因为我对这个朋友还有些了解，平日里他几乎不涉猎数学和经济学方面的知识，但是这本书里却包含大量的计算公式、数据模型和行为经济学等专业术语，理论性十分强，适合业内的专业人士研读。这本书对于没有相关知识储备的“业余选手”而言，几乎是一本“天书”。所以我认为他买这样一本书来读，无异于自讨苦吃。

后来我问他书读得怎么样了，结果不出我所料，他说只看了序言和前几页，因为读不进去，后面就再也没看了。

说到这里，你应该能明白，那些总是看不进去书的人，大多都是在选书方面存在着问题——选的书都太不接地气了！

2.1.2 盲信书单

不常读书的人，总喜欢凭感觉来选书，或者根据推荐的书单来选书。用这种方式来选书，通常会挑选到一些看起来很有品位、很有档次、很有名气的书，如《史记》《瓦尔登湖》《百年孤独》《战争与和平》等。

如果读者缺乏一定的阅读基础和相关的知识储备，这些书往往是看不进去的，最后这些书大概率会被读者束之高阁，几乎不会再被翻看。这一幕像极了多数家庭里摆放的“四大名著”——买得人多，看得人少。

之前《华尔街日报》还曾报道过Kindle上的读书完成率，他们发现大多数读者读霍金的《时间简史》只读到了6.6%，读丹尼尔·卡尼曼的《思考，快与慢》只读到了6.8%，当时最为重要的经济学著作《21世纪资本论》，大部分人也只是读到了2.4%。尽管这些书都是各大榜单上的常客，也是各大平台上的畅销书，但是能看完的人并不多，实际上，大部分人在看到第一章时就放弃了。

对于这些享誉盛名的经典著作，建议读者们先筛选一下再进行阅读，不要因为一本书有书单推荐或者常年占据畅销榜，就认为自己必须要读它，其实完全没这个必要。

德国作家赫尔曼·黑塞曾经说过这样的一句话，他说：**“我们读书必须走爱之路，而非义务之路，如果只因某本书非常著名，不认识它是一种羞耻，而勉强自己去读，实在是大错特错。所有的人都应该从适合自己的地方开始阅读、认知并愉悦自己。”**

所以说，选书时千万不要盲信书单。“最好的书”未必是最适合你的书，读书还是要“门当户对”一点才好。

其实一本书是否适合我们，有时还要看时机是否成熟。经典书籍中的智慧往往是穿越时空的，然而这份智慧却未必适合当下的每一个人。实际上，每一本书都有它自己特定的写作背景与相关的知识体系，如果一本书与读者的生活背景和知识体系都相差甚远，那读者在阅读时会非常痛苦，就算勉强读完了，也难以有深刻的理解。

比如说，鲁迅的书，十几岁的人跟三十几岁的人去读，会出现两种境界。一个十几岁心怀梦想的人读《孔乙己》时，他看到的可能仅仅是讽刺，而一个三十几岁历经世故的人读《孔乙己》时，他看到的可能是人生背后的无奈。

坦白讲，同一本书，在不同的人生阶段去读，必然会有不同的人生趣味与收获。但是“彼之蜜糖，吾之砒霜”，有些书，一部分人会读得过瘾，但是另一部分人可能会读得很痛苦，这是由知识体系和人生经历的差异所导致的。

如果有些好书你现在实在是看不进去，也请不必着急去读它们，这些书可以暂时先放一放，等到它们“变得有趣”时，你再去读也不迟。总而言之，**世界上没有最好的书，只有最适合你的书。每个人在不同的人生阶段，适合读的书都是不一样的。因此，选书时不要盲信书单，更不必因为自己读不进去经典而感到苦恼，找到最适合你的书才是关键。**

2.1.3 寻找读书中的学习区

既然在不同的人生阶段，适合读的书是不一样的，那么我们该如何判断自己当下适合读什么书呢？

从本质上来说，读书是一种能力，也是一种行为。如果读者想改变自己的行为，首先需要理解行为改变的底层逻辑。美国心理学家诺尔·迪奇曾提出过一种行为改变理论，他把人在学习时的心理状态分成了3个维度，分别是“舒适区”“学习区”和“恐慌区”（见图2-1）。

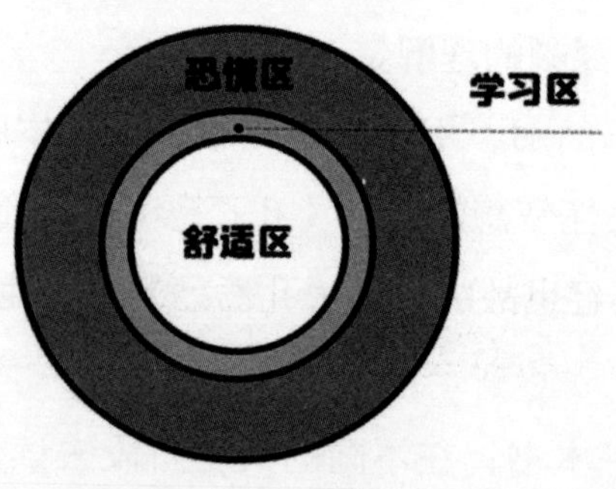

图2-1 行为改变理论

1. 舒适区

舒适区是指一个人可以用“自动化”状态去完成的事情。就像一位有十年驾驶经验的老司机，他在开车时基本上是不用刻意去思考的，因为他靠本能就可以轻松驾驶。如果从读书的角度去理解舒适区，就如同让一个大学生去读一本小学一年级的语文课本，他不用刻意动脑筋就能够看明白上面所写的内容。当一个人去做自己舒适区里的事情时，他会感觉到轻松、惬意和稳定，因为人对熟悉的事物会有很强的掌控感和安全感。然而每一个人的舒适区的大小都是不一样的，相对而言，读书越多、经历越多的人，舒适区会更大，而且适合读的书也会更多。但需要注意的是，人不能长期沉溺在自己的舒适区当中。如果不去尝试新事物、不学习新知识，那整个人会变得故步自封、不思进取，最终会像“温水煮青蛙”一般，失去了“反抗”的能力。

2. 学习区

学习区是指一个人需要刻意学习才能掌握的事情。当我们学习新知识、新技能时，我们的行为就处于学习区当中。事实上，学习区是一个会不断产生“新陈代谢”的地方，因为每当你熟练地掌握了一个新知识、新技能时，它们都会自动变成你舒适区的一部分。就像一个人学习打高尔夫球一样，在刚开始练习挥杆击球时，人的行为处于学习区当中，当练习了上万次挥杆击球的动作以后，这个动作就会逐渐变成自己的行为本能。最后，原本一个学习区里的行为，就变成了舒适区里的行为。其实一个人的成长，就是通过不断学习来扩大舒适区的过程。但值得注意的是，我们的学习区往往没有自己想象的那么大，有时候稍不注意，就可能跃过学习区，一脚踏进恐慌区当中。

3. 恐慌区

恐慌区是一个人惧怕去做的事情，在这个区域里，没有熟悉的事物，人会极度缺乏控制感和安全感，剩下的只有无助和惶恐。我们以学游泳为例来解释一下，一个人刚开始学游泳时，他一般都会被教练安排在岸上进行训练，等掌握了基本动作之后，才会进入浅水区进行初步练习，最后在保证安全的情况下逐步进入深水区，以上是常规的学习步骤。那我们设想一下，一个人刚开始学游泳，教练就给他扔到泳池的深水区里去练，结果会怎么样？这个人肯定不会有任何想练习游泳的欲望，此时他只会想着去逃生。从读书的角度来看，这就好比让一个小学生去学习量子力学，此时他会很崩溃。事实上，在读书方面经常有人会采取这种不常规的行动，给自己选择一本超出能力范围的书，结果自己根本读不进去，因为大脑总是下意识地想着去“逃生”。

所以说，很多读者之所以读不进去书，核心原因就是误闯了自己的阅读恐慌区。此时，由于阅读的内容难度过高，人会产生焦虑感。而人在焦虑时，大脑就会无意识地刺激交感神经，让人变得紧张，以至于无法集中注意力，甚至会坐立难安。

如果读者在读书时希望保持专注，一定要避免踏进阅读恐慌区。与此同时，我们还需要有意寻找自己在阅读时的最佳地带——学习区。

2.1.4 最高读书效能 =15.87%

如何判断一本书是否属于我们的学习区呢？这一点要因人而异，因为每个人的知识体系和人生经历都千差万别，所以我们要根据自身的情况来作判断。

美国出版界曾有过一个不成文的规定：一本畅销书里，必须有85%的内容是大众所熟知的，剩下15%的内容可以是新信息和新知识，否则便无法成为畅销书。后来这个现象被亚利桑那大学和布朗大学的研究者写成了一篇论文，题目叫作《最优学习的85%规则》。他们不仅通过实验证明了这一现象的科学性，而且还进一步得出了更加具体的数据——人在学习时，新信息占比达到15.87%时，人的学习效率是最高的。

从读书的角度来理解，当一本书中的新知识占比达到15.87%时，读者是最能读进去的，而且阅读的吸收效果也是最好的。此时的读者可以通过大量的已知去理解少量的新知，而这种微妙的平衡，会让一个读者真正地感受到读书的愉悦感。

当然，我们不可能如此精准地控制这个新知识比例，而且所谓的“新知识”也是相对而言的，所以我们无法严格按照这个标准去选书读。但是我们能做的，是遵循这一结论背后的逻辑去读书。

那么究竟要怎样做呢？我们举个例子来说明一下。比如说，当一个国学功底较弱，甚至是基础为零的人想读国学方面的书，应该怎么办？跟你讲一个我身边真实的例子。

之前我有一位学员，他本身并没有多少国学基础，但是他特别想学习国学，于是他就给自己买了一整套的“四书五经”，同时还买了《老子》《庄子》《鬼谷子》等一系列的国学经典。结果读了一阵子之后，就彻底放弃了，因为他实在是读不进去。后来他说，这些书他不仅读不懂，甚至里面有很多字他都不认识，最后这些书就顺理成章地成了家中的摆设。

这个人想学习的想法是值得肯定的，但是他的学习方法却是错的。在这一次读书体验中，他一开始就把自己推进了学习的恐慌区里，完美地避开了学习区。

之后，为了帮他解决问题，我根据他的个人情况，给他推荐了一套《易中天中华故事集》，虽然这是一套面向青少年的读物，但却很适合初期学习国学的人，最终他采纳了这个方案。

在他阅读这套书时，几乎是以两天一本书的速度读完了一整套。这一次，他很轻松地走进了孔子、孟子、庄子等人的世界里。经过这一轮学习后，他国学知识方面的舒适区变大了，接下来我便开始给他推荐进阶的书单，如熊逸的《周易江湖》《孟子趣说》《道可道》，南怀瑾的《论语别裁》《老子他说》，以及王蒙的《天下归仁》《得民心得天下》，等等。虽然这个过程看似很漫长，但它恰恰能让人抵达自己所期望的目的地。后来他跟我说，他第一次感觉学国学可以这么轻松，能够完整地读进去“四书五经”了。

这就是遵循15.87%新信息比例去读书的效果，这个方法虽然看着新鲜，但聪明的古人早就发明过类似的读书方法了，就是我们经常听说的“经”和“传”的关系。

什么是“经”？“经”就是经典。古人把人世间的人生至理，用最为精练的语言一一记录下来，编辑成书，统称为“经”。在古人眼中，“经”所代表的，是亘古不变的真理，如《易经》。

什么是“传”？“传”是用来解释“经”的。因为“经”的语言过于晦涩难懂，学习的门槛太高，导致很多后人根本看不懂。于是，就有学者开始出来为“经”写“辅助教材”，帮助大家去理解“经”，而这些内容被统一称为“传”，如《易传》。所以说，当一个人感觉《易经》很难读懂时，他就可以先去读一下《易传》，以增进对前者的理解，然后再去阅读时会轻松许多。

其实《春秋》和《左传》的关系也是一样。《春秋》即“春秋经”，是儒家经典“六经”之一，由孔子修订而成，但是《春秋》的文字十分简练，以至于后人很难理解其中的内容，于是，春秋时期的鲁国人左丘明就给《春秋》写了一本注解，叫作《春秋左氏传》，后人多称之为《左传》。

说到这里，还有一点可以提一下。众所周知，东汉末年的关羽常常手不释卷，很多人以为关羽最爱读的书是《春秋》，然而这只是《三国演义》的杜撰而已。在《三国志》的表述中，关羽最爱看的书其实是《左传》。主观臆断一下，估计以关二爷的文化水平，想读懂《春秋》应该还是有难度的，所以他常年读《左传》的真实性应该会更高一些。

总之，当你经常感觉读不进去书时，一定要多找一些难度较低的书来进行过渡，这样你不仅在读书时可以走进学习区，还会因此变得更加专注，甚至进入心流的状态。

2.1.5　心流：忘我的读书状态

“心流”是一个心理学上的概念，是由心流理论之父米哈里·契克森米哈赖所提出的，他还著有一本知名的畅销书，叫作《心流：最优体验心理学》。

心流是指人在做一件事情时，达到了一种忘我的状态，当自己回过神来的时候，还会感受到一种强烈的满足感和愉悦感。很多人会认为这样的状态是可遇而不可求的，但事实上，进入这种状态是有规律可循的，关键在于平衡好能力与挑战之间的差距。

“能力”是指我们自身的技术水平，“挑战”是指完成有一定难度的任务。如果你选择的任务难度和你的技术水平达到了一种平衡的状态，那你会很容易进入忘我的心流心态。

但是如果两者不匹配，往往会出现两种极端现象。

第一种极端现象，你挑选的任务难度远高于你的技术水平，此时你等于走进了自己的恐慌区，这种挑战会让你感觉到焦虑、烦躁、纠结，根本无法进入忘我的心流状态。

第二种极端现象，你挑选的任务难度远低于你的技能水平，此时你会觉得缺乏挑战性，甚至会感觉到无聊、乏味、单调，所以这时候你也无法进入忘我的心流状态。

这种现象就如同下棋，当一个新手去跟一个绝顶高手对弈时，双方都无法享受整个过程。弱的一方毫无还手之力，会感觉很沮丧，而强的一方完全碾压对手，几乎不需要动脑，会感觉很乏味。下棋时要想进入心流的状态，那么双方的棋艺必须要不相上下才行。唯有棋逢对手时，才能有酣畅淋漓的享受。从这个角度我们也不难理解，为什么武侠小说中的绝顶高手要叫“独孤求败”了。

其实读书也是一样，每一本书都如同是你的“对手”。而你在阅读之前，要确保双方的实力是相匹配的，当你有“还手之力”时，你才能和“对手”进行“过招”。在“见招拆招”的过程中，你会不断地与书中的思想进行碰撞，此时你会逐渐进入忘我的心流状态，进而沉浸在阅读的世界里，变得无比专注。

2.2　主观因素：缺乏目的性

2.2.1　你是一名佛系阅读者吗

关于读不进去书的问题，前面已经分析了选书时造成的原因。然而读不进去书还存在着一部分主观原因，其中影响最大的，就是读者在阅读时缺乏目的性。

读书时缺乏目的性的具体表现是什么呢？

当读者在翻开一本书时，并不知道自己为什么要读这本书，也不知道自己想通过这本书来解决什么问题，他仅仅是认为自己应该多读一些书罢了，这种“为了读书而读书”的状态就是读书时缺乏目的性的具体表现。

我把拥有这种读书状态的读者统称为“佛系阅读者”。所谓的“佛系”，就是一种“怎么都行”“不走心”“随缘”的状态。而“佛系阅读者”就是指读者在读书时漫无目的，总是抱着“既然大家都说读书好，那我就读一读”的心态去读书。总之，佛系阅读者在读书时，始终处于一种没有方向、没有目标、没有问题的状态中。

正所谓“没有目的地的旅行，叫作流浪；没有目标感的人生，叫作迷茫”，那么没有目的性的阅读，可以叫作勉强。在读书时，凡是勉强自己去读的，都容易在书籍的海洋里迷失自己，并不断出现犯困、打瞌睡、注意力不集中等现象。

如果读者想改掉这种读书状态，关键是要学会带着目的性去读书。

2.2.2 有问题才有专注力

现在我们一起做个互动，接下来请你闭上眼睛，努力回想一下你身边有多少样东西是带有蓝色的，请你至少回想起3种以上的物品，然后再睁开眼睛。现在开始……

回想好了吗？

当你睁开眼睛的时候，请你再仔细观察一下身边蓝色的物品。此时你有没有感觉到，你身边带蓝色的物品比你预想的还要多？而且这些蓝色的物品，此时会积极地“冲”进你的眼睛里。

实际上，我们的眼睛能看到什么，都是我们的大脑在做筛选。在心理学上有“色彩浴”的概念，它的意思是，只要我们提示自己要看到什么颜色，我们就会自动关注到什么颜色。其实不仅仅是颜色，其他事物也是一样，这就像是一个开车的人，他在路上一眼就能注意到和自己一样的车子，虽然他并没有刻意去寻找，但是这些东西会自动从路上“跳”出来。

读书也是一样，当读者提示自己需要看什么内容时，这些内容就会自动从书上“跳”出来，然后“跃”进读者的眼睛里。

读者该如何提示自己需要看什么内容呢？方法很简单，只需要提出一系列具体的问题就可以了。当读者带着问题去读书时，他的大脑会自动去寻找问题的答案，此时目标感和专注力也会迅速地提升。

其实这种方法放在任何事情上都能很适用，比如说，我们想让一个不爱看球的人去专注地看一场球赛，应该怎么办？方法同上，给他设置一个问题就行。假设今天我们要统计一下，在某一场球赛中阿根廷队穿10号球衣的人全场一共带球多少次。只要这个人肯接受这个任务，那这场球赛他就一定会看得聚精会神。这就是设置问题的力量。

其实带着问题去读书，就像是在查字典一样。当你想查清楚一个不认识的字时，你会带着明确的目标去翻字典，由于你的目的性十分清晰，所以你在查字典的时候就会变得非常专注，根本不会出现走神的情况。相反，如果你根本不想查任何字，就只是想去读一本字典，那么你大概率会出现读不进去的状态。

事实上，我们的大脑都有一个特点，就是选择性地去关注信息，大脑喜欢把它的注意力都聚焦在待处理的信息上，而不是平均分布在所有的信息上。其实注意力的本质就是被问题聚焦起来的意识。

而通过提问的方式，我们可以把意识聚焦起来，从而形成更强的专注力，使人进入一种“沉浸式”的读书状态，而不再是以往“观光式”的读书状态。

所以说，带着问题去读书，才能让大脑更有专注力。如果你每次看书时，都能像查字典一样，带着清晰而具体的问题出发，那么你读不进去书的问题必然会迎刃而解。

2.2.3　培养自己的“书脑思维”

提问固然可以提升读者阅读时的专注力，但提问的习惯是需要培养的。然而在现代社会里，大多数人是不太善于向书提问题的，有问题时一般会习惯性地问身边的人，然而身边人的水平往往是有限的，这必定会限制你的思维。蒋方舟有句话说得特别好：“一个人如果不看书，那他的价值观就只好由亲朋好友来决定。”

如果一个人想变得善于向书提问，那么就需要培养一种思维模式——“书脑思维”，要习惯于用别人的著作来解决你自己的问题。

东汉末年，东吴的孙策在临去世之前嘱托自己的弟弟孙权说：“内事不决问张昭，外事不决问周瑜。”其实，这句话就是在告诫孙权，当你遇到处理不明白的事情时，要赶紧找人询问，别自己一个人琢磨。实际上，孙权不仅有国家级的谋士可以咨询，同时他还会大量地阅读书籍，不断通过“书脑思维”来解决问题。所以后来才会有孙权劝吕蒙读书的一幕。

对于我们而言，我们身边的“谋士”远不及周瑜、张昭之类的国家级智囊。所以在遇到困惑和问题时，我们更需要放宽视野，把每一本书都当成自己的“谋士”。当你遇事不决时，当你心有疑惑时，就要去找它们前来商议。

其实每一位出书立传的作者，本质上都希望能成为你的“谋士”，都在等待一个为你服务的机会。可以说你的智囊团队里有孔子、老子、庄子、释迦牟尼、王阳明、曾国藩、霍金、爱因斯坦、牛顿……而且这些人可以做到24小时“在线”，随时为你提供思想援助。在书籍的世界里，你有着绝对的主动权，可谓是“普天之下，莫非王土；率土之滨，莫非王臣”。

当你发现自己身边有这么强大的“谋士”团队时，你还会凡事都只靠自己去想或者只问身边的人吗？实际上每个人的一生都会有数不尽的困惑，只要你的人生还在前进，那么你永远都不会无事可问。

总之，要想培养好自己的“书脑思维”，你需要坚信人生中的每一个困惑，都会有一本书可以给你答案。

2.2.4 为读书建立一个问题库

用读书解决问题的方式虽好，但总不能遇到一个问题就跑去读一本书，这样效率会很低。因此，当我们每遇到一个问题时，一定要抓紧把它分门别类地记下来，让自己养成一个积累问题的习惯，便于形成一个自己的问题库。当某一类的问题积累到一定程度时，你就可以有倾向性地去读这一类的书了。

在我开始做演说培训的时候，就发现演说口才能力弱的人，并不仅仅是因为缺乏表达技巧，更多的是因为心理上存在障碍——天性内向，内心敏感，不敢表达。

当发现这些问题时，我就明白单纯地教授技巧是无法帮助学员彻底改变的。因此我一直在思考如何从根本上来调节学员们的心理。但是当时我不知道该怎么办，于是就把自己遇到的困惑一一罗列了出来，积累成了一个庞大的问题库：

1. 内向与外向都是天生的吗?
2. 想表达又不敢表达的心理矛盾是如何产生的?
3. 如何鼓励自卑的人走出心理困境?
4. 不敢讲话的人真正害怕的是什么?

……

为了搞清楚这些问题，我不断地去寻找相关书籍来研究，当时读了《自卑与超越》《我们内心的冲突》《高敏感是种天赋》等十几本与心理学相关的书籍。

换作平时，我不会对这类书有特别的兴趣。但是，当我带着自己的问题库出发时，几乎是如饥似渴般地进行阅读，整个过程中我异常专注，完全沉浸在寻找答案的过程里。而且每寻找到一个答案时，都能感受到一种愉悦感和兴奋感。

当求知的状态变成一种渴望时，读书的动机就会变得异常强烈。尤其当读者是带着庞大的问题库去寻找答案时，他会和答案产生强烈的连接感。所以说，读书最好的状态就是——**你刚好有问题，而它刚好有答案**。

如果你感觉自己平日里并不善于提出问题，而且问题也很少，那么给你3种持续提出优质问题的方法。

1. 读书前，先向书发问

在读一本书之前，首先把要读的书放一边，然后拿来一张纸，在上面写下你能提出的所有问题。这些问题既可以是你问题库里的库存，也可以是你拿到这本书后想问的问题。

假设你去读一本《孔子传》，你可以写一系列关于孔子的问题，如“孔子什么时候出生的?”“孔子的本名是什么?”“孔子重要的弟子都有谁?”“孔子在遇到人生困惑时是如何解决的?”“孔子最重要的政治思想是什么?”等。问题可以由肤浅逐渐深刻，关键是你要不断地提出问题，来加强读书的动机。

除了自己罗列的问题以外，你还可以通过阅读书的目录，去发现作者想通过这本书来帮助读者解决什么问题。事实上，大部分实用型书籍的作者，都是带着一系列现实问题去写作的，如果你能提前明确作者想要解决的问题，并把这些问题记录下来，就能给自己带来更强的阅读动机。

2. 持续增加阅读量

一个小学生和一个博士生导师相比，谁不懂的问题会更多一些呢？很多人的第一反应会以为是小学生，但实际上是博士生导师。因为知识的背后会牵连出更多的问题，所以知识越多的人，反而问题会更多。相反，认知面偏窄的人，往往少有问题。

如果你想提出更多的优质问题，就需要阅读更多的东西来丰富自己的知识面，思维开阔了，问题自然就多了。此时还会进入一个良性循环，知道的越多，想问的就会越多；而问题多了，想读的书自然也就更多了。

3. 保持好奇心

生活也好，读书也罢，最怕的就是身处麻木的状态，因为麻木就会不仁，不仁就是对一切失去了感觉。此念一生，阅读的兴趣也就荡然无存了。因此，我们要让自己对不理解的事物保持探索的欲望和好奇心，只有这样，我们才能持续不断地提出更多的问题，从而带动自己阅读的积极性。

我在读《列奥纳多·达·芬奇传》的时候，最佩服的就是达·芬奇广泛的兴趣。很多人都知道他的传世经典——《蒙娜丽莎》，所以世人都以为他只是个艺术家，但其实他在建筑、音乐、工程、文学、解剖学、植物学、地质学、天文学、古生物学等方面都有极高的造诣。他之所以能在各方面都有高超的水平，是源于他对生活旺盛的好奇心。他会思考一些平日里容易被人们所忽略的事情，比如说，“天为什么是蓝的？”“水里的鱼为什么比天空中的鸟儿动作更加敏捷？”“啄木鸟的舌头是什么样子的？”他不仅对许多常见的现象感到好奇，还会付出行动去探寻规律和答案。

一个人的认知边界往往是由他的好奇心所决定的，培养你的好奇心，就是在拓展你的认知边界、开拓你的人生视野。

以上3种方式都可以让你持续不断地提出大量有价值的问题，并帮助你建立起一个更加系统的问题库，从而让自己持续做到带着问题和目的性去读书。

史蒂夫·乔布斯曾在斯坦福大学毕业典礼上做过一次演讲，他在演讲结尾时分享过这样一句话：**“求知若饥，虚心若愚。”**这句话让我颇受触动。所以想把这句话也送给你，希望你也能保持着强烈的求知欲望和谦虚的心态，带着更多的人生问题，走进无涯的书海。

2.3 状态因素：如何给你的心浮气躁加个开关

2.3.1 这是一个注意力稀缺的时代

关于读不进去，除了客观的选书不当和主观的目的性不强以外，最后还有一个心浮气躁的问题。

有的人在读书时常常连几分钟都坐不住，总是轻易地就被外界的事物干扰。比如说，一看书就抑制不住自己想去看手机，生怕自己错过了什么，其实不过就是想看看微信、微博或者刷视频等。甚至有的人去咖啡厅明明是为了看书，结果却变成了一场“自拍秀”，坐下刚看没几页，就开始自拍，拍完之后进行修图，紧接着再去发朋友圈，发完之后还会反复查看点赞情况。时间就这样不知不觉地过去了，成功做到了“读书5分钟，娱乐2小时”。

那出现这个问题的原因是什么呢？

据报告称，注意力减弱的主要原因是智能手机的普及，当我们对智能手机依赖越多时，我们的注意力下降得就越严重。

手机上的各种社交、资讯、短视频、游戏等内容，被设计得越来越“短平快”，每几秒的时间就能给人带来一次“刺激”，这一点对人的注意力有很严重的影响。其实这些内容的背后，有着数以万计的设计者们，他们每日“机关算尽”，争取让人能花费更多的时间在他们的产品上，最好能深陷其中，无法自拔。

这种发展势态就如同《娱乐至死》里所说的那样：“**我们将毁于我们所热爱的东西**。”此时，所有人都开始变得比以前更焦虑、更浮躁，与此同时，我们的注意力也俨然变成了一种稀缺资源。

那我们如何判断自己被手机影响的程度呢？我在下面罗列了几条关键点，如果有类似状态可以在旁边标记一下。

- 感觉自己每天使用手机的时间都过长，约3小时以上；
- 非常注重线上朋友之间的交流；
- 身边的亲友曾说过你总摆弄手机；
- 曾经因手机跟亲友吵架；
- 手机不在身边时会感觉到焦虑；
- 讨厌没有Wi-Fi的地方；
- 自觉不自觉地总翻看手机，以为有信息需要看，实际却没有。

如果占了3条以上，就说明你被手机影响的程度比较重了，甚至是依赖手机。此时，手机俨然成为了一个让你读不进去书的关键因素。

2.3.2　主动切断干扰源

在这个“危机四伏”的时代里，我们该如何保护好自己在读书时的注意力呢？其实避免注意力被分散的最好方法，就是在读书前主动切断一切的干扰源。不论是手机、电视还是其他任何能分散你注意力的事物，都要在读书之前远离它们。

比如说，为了避免电视所带来的打扰，我在自己住的地方从来不会放电视，甚至把客厅改造成了书房。但是手机确实是没办法不用，所以建议你在读书时先暂时“切断”它，以做到眼不见，心不乱。当你准备读书时，就把手机调为静音或者是关机状态，与此同时，你最好把手机放在一个离你远一点的位置，或者是自己看不见的地方。如果是在家里，建议你把手机放到另一个房间，总之别让它出现在你的视野当中。

人的天性是“离苦得乐”的，如果你的自控力不够强，就不要在读书时把手机放在自己身边，毕竟当一本书和一部智能手机放在一起时，我们会出于本能地想玩一会儿手机以解压力。因为玩手机不费脑子，会让我们感到很轻松；相反，读书是需要动脑子的，会使人感觉辛苦。如果手机就在你眼下，那你就很难控制自己不去点开它看一眼。法国心理学家朱尔斯·贝约尔就曾说过：**“绝大多数人的目标是尽量不动脑子地生活。”**所以，人们总是喜欢待在自己的舒适区里去做压力最小的事情。

因此，为了更好地进入阅读状态，我们就必须下决心去切断身边的干扰源。比如说，会上瘾的电视剧你最好连第一集都不要看，会上瘾的游戏你最好连试玩都不要玩；智能手机能不用的时候就不用、能不看的时候就不看，尤其是在读书时，你一定要让它离你远一点。正所谓“故天将降大任于斯人也，必先卸其QQ，删其微博，收其电脑，夺其手机，摔其iPad，断其Wi-Fi，剪其网线，使其百无聊赖。然后静坐，思过，读书，明智，开悟，精进，而后必成大器也！”

冯唐在《无所畏》这本书里还写过这样的一段话：

我从小喜欢读书全是因为那时候没有任何其他有意思的事可干。我生于二十世纪七十年代初，我们是最后一代需要主动“杀时间”的人：没手机、没电脑、没电影、没电视剧、没游戏厅、没夜总会、没旱冰场、没保龄球。我又对体育没任何兴趣，上街打架又基本是被打。只剩下读书，于是读书。

看到这段文字时，我就在想，如果当时有手机、有电脑、有电影、有电视剧、有游戏厅、有夜总会、有旱冰场、有保龄球，同时冯唐上街打架还能打过别人，那这个世界上还会有“春水初生，春林初盛，春风十里不如你”这样漂亮的语言吗？

说到这里，可能会有人认为，如果这些娱乐项目都没有了，那生活该多无聊呢？事实上，这些娱乐内容，只会给你带来一时的欢愉，除了浪费掉你的时间以外，大部分都不会给你的生命带来多大建设性的价值，甚至在长期的沉迷过后，还会使人产生空虚感。没有一个人在生命的最后一刻会因为自己少看了一部电视剧、少玩了一会儿游戏而遗憾，但是大部分人会因为自己年轻时没付出足够多的努力而后悔。

所以说，切断这些干扰源，不仅是为了更好地读书，也是为了更好地生活。你所读过的书，都会如年轮一般，在你的生命里留下深刻的痕迹，让人感觉到无比的充实。希望每一个人在回首人生时，都能回忆起自己在读书时精神世界的充实和富饶，而不是一片荒芜的“娱乐战场”。

2.3.3　“正念阅读”

在我们主动切断干扰源后，我们身边的干扰因素就能够被全部切断吗？根本不可能！其实我们还是会受到不同程度的干扰，也许这就是所谓的“人在江湖，身不由己”。

在这种“腹背受敌”的情况下，该如何解决这些问题呢？

身在尘世之中，就要在尘世中修行。如果读者在读书时，始终难以专注且心浮气躁，那就要学习一下“正念阅读”的方法。

“正念”这个概念最初源于佛教禅修，是从坐禅、冥想、参悟等发展而来的。有目的、有意识地关注、觉察当下的一切，而对当下的一切又都不做任何判断、任何分析、任何反应，只是单纯地觉察它、注意它。

从前，有一个小和尚问老和尚一个问题，说："你年轻的时候在寺庙里都干些什么呀？"

老和尚说："我就是砍柴、挑水、做饭啊。"

小和尚又问："那你现在都干些什么呀？"

老和尚说："我还是砍柴、挑水、做饭。"

这时候小和尚很惊讶地说了一句："那你这些年过得也没有什么区别啊？"

老和尚说："有区别的，我在年轻的时候，砍柴时想着挑水，挑水时想着做饭，做饭时想着砍柴，但现在我开悟得道了，每天砍柴的时候就砍柴，挑水的时候就挑水，做饭的时候就做饭。现在我生活的每一天，都能够活在当下。"

这种不担忧未来，不烦恼过去，能清晰觉察到自己当下行动的状态就是"正念"。这和道家的思想很贴近，庄子就曾说过："**至人之用心若镜，不将不迎，应而不藏，故能胜物而不伤。**"其实真正的高人的心就如同一面镜子，眼前出现什么事情，心里就映照出什么事情，心中只有眼前事。当事情走掉的时候，内心这面镜子就空空如也，不会留下任何痕迹，心无挂碍。

在读书时，如果读者能够专注于眼前的文字，觉察到自己所读的每一句话，甚至可以清晰地感受到自己的大脑正在思考眼前的文字，那这位读者就进入"正念阅读"的状态了。

我们如何能快速进入"正念阅读"的状态呢？这需要分两步来做。

1. 读书前做10次深呼吸

深呼吸是一个简单到很容易被忽略的科学方法，其实深呼吸可以调节我们的交感神经和副交感神经的状态。当交感神经活跃时，人会变得比较兴奋，甚至焦躁。相反，当副交感神经活跃时，人就会变得比较平静。在深呼吸时，我们的身体就会开始平复我们的交感神经，同时去刺激我们的副交感神经。所以说，在读书之前，建议你先进行10次深呼吸，这样就能使你快速地进入一种平静的状态。

现在我们就可以尝试一下，连续做10次深呼吸，而且要在每次呼吸时尽量拉长气息。更关键的是，你在深呼吸的同时，还需要“观呼吸”，也就是去感受你在一呼一吸时气息的流动。

为了更好地进入专注的状态，你可以在一呼一吸之间去数你的呼吸次数。在吸气时，心里默念数字一，呼气时放空自己；接下来，再进行吸气，心里默念数字二，呼气时放空自己……

从一数到十以后，你内心的情绪就会逐渐平静下来，甚至整个人会开始变得专注。如果你觉得还不够，还可以再来一轮深呼吸，直到你的心平静得像一个池塘，水面上不再有一丝涟漪。

2. 细心体会文字

当沉静下来时，我们就可以进行“正念阅读”的第二步——开始阅读。在接下来的阅读中，你要尝试着觉察自己读到的每一个字，此时不要考虑阅读速度快慢的问题，也不要考虑自己读了多少页，你唯一要做的，就是细心体会你眼前的文字，然后一点一点地去理解书中的意思。当你意识到自己正在阅读和思考时，那你就真正达到了“正念阅读”的状态。

从表面上看，“正念阅读”是帮助我们解决读不进去书的问题，但实际上这也是一次修心的过程。“正念阅读”不仅能让你变得更加专注，还可以使你的内心变得宁静而祥和，让你察觉到文字的存在和思想的流动。

正如一行禅师在《正念的奇迹》这本书里说到的，**“正念是奇迹，能让我们成为自己的主人，重建自我。”**

本章总结

1. 读不进去书的第一大原因是不会选书，读者需要选择自己学习区内的书去读。

2. 新信息占比15. 87%时读书的效率最高，此时读者最容易读进去，甚至会进入心流的状态。

3. 快速提升阅读专注力的最好方式，就是带着问题去读书。

4. 平日里要养成记录问题的习惯，逐渐积累自己的问题库。当某一类的问题比较集中时，就开始去阅读这一类书，此时读书的动机会非常强烈。

5. 采用“向书发问”“增加阅读量”和“保持好奇心”这3种方式，可以帮助读者持续提出问题，从而使自己长久保持阅读的积极性。

6. 心浮气躁的状态会使读者读不进去书，而解决心浮气躁的第一步就是切断干扰源，比如，把手机放得离自己远一点，或者在读书时关机；第二步就是学会“正念阅读”，让自己在读书前保持平静，并在阅读过程中做到自我觉察。

Chapter 03

×

第三章

读书太慢——摒弃阅读恶习，提升阅读速度

一说到阅读速度，多数人都会认为自己的速度不够快，并且希望提升自己的阅读速度。而为了满足这种需求，市面上相继开办过很多快速阅读的培训班，有的培训班甚至号称能提升100倍的阅读速度，10分钟就能看完10万字的书。

这些方法真的好用吗？

说实话，这些都是忽悠人的，典型的在收“智商税”。

因此，在本章中并不会教给你任何关于快速阅读的“超能力”，相反，会为你分析快速阅读的假象和伪科学性，帮助你理解阅读速度慢的本质原因，并掌握提升阅读速度的科学方法。

3.1　“快速阅读”是个伪命题

3.1.1　阅读速度的标准

多年以来，人的平均阅读速度并没有明显的提升。一般而言，成年人的阅读速度为平均每分钟300到700字。如果阅读速度超过了这个范围，人脑会无力处理这些信息，此时的阅读就只能算是看过，而无法做到真正的理解和记忆。当然，少部分天赋异禀的人并不在我们讨论的范围内。

换言之，大部分人在有效的阅读状态下，每小时都可以阅读1.8万～4.2万字左右的内容。如果是读一本10万字左右的著作，大约可以在3～6小时内读完。当然，这是一个理想化的计算，事实上大部分人也是可以达到这个标准的，那为什么现在有很多人做不到这一点呢？

这就涉及读书的本质性问题了。

3.1.2 读书不是一场竞速游戏

从本质上来看，读书追求的是理解，而不是竞速。

曾经有位学员拿着一本《论语》，问我说这本书能否快速阅读。其实这就相当于拿着一盆仙人掌问我能不能下手抓一样，结论很简单，如果上面有刺，就不能抓，如果你把刺都拔掉，你就可以抓。这个"刺"就是指一本书里你尚未理解的内容，如果你不理解的内容多，就说明这本书对你而言"刺"很多，此时你根本无法下手去抓，也就不可能实现所谓的快速阅读。

我们就以《论语》这本书为例，这本书总计11705个字，按照之前所说的成年人的平均阅读速度来看，我们可以在1个小时以内读完《论语》。但是，第一次读《论语》的人，根本不可能在1小时内读完。

事实上，我们可以用1小时读完《论语》，也可以用10小时读完《论语》，但是对于读者而言，此时的阅读速度根本不是重点，重点是能否理解《论语》当中所要表达的意思。

如果读者在阅读时不理解其中的意思，那无论阅读速度有多快，这都是一次没有意义的阅读。从这个角度来看，快速阅读其实就是个伪命题，因为在读书的过程中我们真正需要的是快速理解，而不是快速看完。

我们用一个小测试来论证一下这个观点，接下来，请你快速阅读下面这段话：

子曰："然。有是言也。不曰坚乎，磨而不磷；不曰白乎，涅而不缁。吾岂匏瓜也哉？焉能系而不食？"

这段话出自《论语·阳货》，它非常简短，相信你完全可以在3秒之内读完，即便你读完了，估计大脑中也是一片空白，甚至会产生一个大大的问号——“刚才我都读了些什么?”

读书，但是不理解，这根本就算不上是阅读。有的人甚至可以用一分钟翻完一本《战争与和平》，然后说这是一本讲述俄国战争与社会状况的书，然而这根本没有任何现实意义，因为在这场阅读当中，我们并没有了解到任何新的事物。

这也好比是在流水线上加工产品，生产的速度固然重要，但是合格率才是关键。如果你生产了10万件产品，结果只有10件是合格的，那这不是白忙一场吗?

不要让自己掉进快速阅读的陷阱里，那些牺牲理解换来的阅读速度，是毫无意义的。读书一定要以读懂为先决条件，糊里糊涂的快读，还不如不快读。

3.1.3　一本书的“理解成本”，决定了你的阅读速度

事实上，我们阅读一本书的速度，往往是由一本书的“理解成本”决定的，如果一本书的“理解成本”足够低，那阅读的速度就会很快，就像去读余华的《活着》，就会比读曹雪芹的《红楼梦》要快得多。

当一本书的“理解成本”足够低时，即便打乱文字顺序，你的理解速度也不会受到影响。接下来，我们就做一个小测试，请你快速阅读下面这句话：

研表究明，汉字的序顺并不定一能影阅响读。比如说当你看完这句话后，才发这现里的字全是都乱的。

好了，相信在1秒钟的时间内，你足以读完这段话，而且你也完全能够理解这段话的意思。但是这段话里面的文字的确是乱得一塌糊涂，不信你可以逐个字念一下试试。

面对这个有趣的现象，我们必须思考一下，为什么如此混乱的文字还能读得懂？究其根本，是这段文字的内容信息足够简单，简单到大脑可以自动整理顺序并理解它们。

当然，这种“自动理解”有时候也会出现问题，比如说，常常会有人把菲茨杰拉德的《了不起的盖茨比》说成《了不起的比尔·盖茨》。出现这种现象的原因，是大部分人对比尔·盖茨这个名字都很熟悉，一看到“盖茨”这两个字，就会自动脑补，而类似的这种事情我们是需要避免的。

虽然说一本书的“理解成本”决定了阅读的速度，但是“理解成本”也是相对的，它是一个此消彼长的过程。就像一个人去读《史记》，如果这个人对中国历史的知识储备较少，那理解起来必定会很困难，而且速度也慢；如果这个人对历史人物如数家珍，或者各种历史典故都知道一些，那读起来会相对轻松一些，速度也会更快。所以说，一个人能否快速阅读一本书，关键还是在于自身“知识池塘”的大小。

于我而言，其实也不是读什么书都很快，我的主业是做演说培训，所以与演讲类相关的书籍会读得比较多，总计读过100多本。现在如果再让我读任何一本新出版的演讲类书籍，预计在30分钟左右就能读完。而且不仅仅是能读完，还能保证记得住，无论被提问书中的任何知识点，我都可以答得出来。之所以能做到这一点，并不是因为自身聪明，而是我在演讲方面早已建立起完善的知识体系，所有相关概念早已全部打通，此类的“知识池塘”也已经被蓄满，所以这一类书对我而言，“理解成本”是非常低的。

但是，如果你拿给我一本医学类的书，我看的速度一定会很慢，这不是读书能力的问题，而是缺乏知识储备的问题。比如说，书中随便出现一些“ANCA相关性小血管炎”“丙酮酸激酶缺乏症”等专业性名词，都会让我发一会儿蒙，此时根本无法实现快速阅读。

总之，凡是想提升阅读速度的人，都必须保证一个大前提，就是不断地做知识积累。当一个人的知识体系越强大、知识储备越丰富时，他的阅读速度自然就会变得越快。

3.1.4　让阅读速度像滚雪球一样飞起来

读书速度的提升，并非能在短时间内完成的，需要一点一滴的积累，一个人在脑海中积累的知识越多，就越能把不同的知识联系起来，从而提升理解新知识的速度。

这个过程就像滚雪球一样，在初期时，它的增长速度很慢，因为此时雪球的体积比较小，滚上一圈所粘的雪也会很少。但是当雪球变得足够大时，每滚一圈的收获都会很可观。而且雪球越大，滚的速度就会越快，最终还会形成一股势能。读书也是如此，你读得越多，读得就会越快，当阅读量达到一定程度时，你就会形成一股“势能”，此时你获取知识的速度就会变得如雪崩一般迅猛。与此同时，你还会形成一个良性循环，因读得多，而读得快，又因读得快，而读得更多，最终读书的效率就开始呈指数级增长。

我能够理解每个人对知识的渴望，也能够理解每个人急于成长的心情。然而读书是一件厚积薄发的事情，往往是欲速则不达。如果想要拥有更快的阅读速度，必须学会以慢为快，就如同曾国藩打仗一样，要“结硬寨，打呆仗”，这个过程看似缓慢，实则最有效果。

我们读的每一本书、每一页书，看似微不足道，但都是我们提升阅读速度的基石，正如《老子》这本书所说的：“**合抱之木，生于毫末；九层之台，起于垒土；千里之行，始于足下。**”阅读速度的提升，一定要从多读开始，只有不断地积累，才能让阅读的速度像滚雪球一样飞起来。

3.2 读书时要摒弃的阅读恶习

3.2.1 阅读强迫症

阅读速度特别慢的人，往往都有一些读书上的恶习，其中第一大恶习就是“阅读强迫症”，患有此症状的人，大脑中会有这样的声音：

“读书一定要一字不落才行！”

“如果不从头到尾全读完，就不算读书！”

“书上的每一个字都很重要，需要仔细看。”

出现这种读书状态的人，属于把书当成了“主人”，而自己成了书的“奴隶”。在这种阅读的状态下，读者不仅读书速度慢，而且还会读得很痛苦。

这类问题之所以频频出现，其实是受到了应试教育的影响。在上学时期，老师都会反复地强调一个观点，书上的内容都是绝对的权威，在考试时，但凡写的和书上不一样，你就是“错的”，而且考试经常会考书中细节，所以大家习惯了“仔细阅读”。因此，很多人从小就培养出了一种习惯，读书时会认认真真、一字不落、从头到尾地看，无论自己是否理解，都要逼迫自己努力读完再说。

这种读书方式虽然读得仔细，但是它有一个弊病，就是极大地降低了我们筛选信息的能力。养成这种读书习惯的人，即便是读到一些可有可无的内容，或者读到一些完全不懂的内容，他们还是会逼着自己把所有的内容悉数读完，根本不敢跳读或略读。如果不通篇读完，他们还会产生一股莫名的负罪感，因为他们把读完视为一种责任。

我曾经有一位学员就是阅读强迫症的“重度患者”，他在读书时会一字不落地把书全部看完，而且是不受控制地要看完每一页，连书中的“致谢”他都会仔仔细细地全部看完，如果不能全部看完，他会认为自己的阅读是失败的。他曾经用一年的时间读完了马克思的《资本论》，这本书足有200多万字，虽然他有很多内容都没有读懂，但是他依旧一字不落地把书给过了一遍。这种不分轻重的“地毯式”阅读，只能帮助他把书读完，却无法让他拥有明显的收获。

患有阅读强迫症的人，不仅在读书时很累、很慢，还会使自己掉进“只见树木，不见森林”的陷阱——缺乏阅读的整体感与甄选信息的能力。

3.2.2　学会略读

如果想要戒掉阅读强迫症，首先要学会略读。

我们必须意识到，书中的内容并非都有价值，其实任何一本书中都会有一些无关紧要的间隙，在这些“鸡肋”的地方，你完全可以快一点略过，如果你不加快速度，那就是在浪费时间。所以说，当我们感觉所读的内容没有价值时，或者自己已经完全理解了时，就没必要再逐字去读，此时可以试着快速略读，往后去寻找我们真正需要的重点。

3.2.3 读书中的二八定律

意大利经济学家帕累托曾提出过一个经典的概念，叫作二八定律。这个定律告诉我们，在任何一组事物中，最重要的内容往往只占20%，而次要的内容却占80%。

比如说，在社会上，20%的人掌握了世界上80%的财富；在企业中，20%的项目为公司带来了80%的经济收益；在学习中，20%的知识解决了人生80%的问题。所以二八定律又被称为“关键少数法则”，目前广泛应用于社会学、经济学和管理学当中。

其实，书也是一样，大多数实用型的书籍，知识干货往往只占20%，而剩下的80%是由引导性语言、辅助理解语言和故事案例组成的。

作者之所以写这么多内容，一部分是为了向读者证明书中结论的正确性，一部分是为了帮助读者理解书中的知识点。如果我们把书中的这些内容都去掉，只剩下“知识干货”，内容也就不足20%了，甚至会是20%的20%，也就是4%。而一本书的知识精华往往也只有这么多了。

当我们理解了读书中的二八定律，就要学着控制自己在读书时的精力分布，此时要有一种开车过弯道的感觉。当你读到知识精华时，把它想象成一个路口转弯的地方，此刻要减速慢读，仔细思考；但是当你读到一些可有可无的内容时，把它想象成一条笔直的高速公路，此刻要猛踩油门，迅速通过。

事实上，读书时最高的成本不是买书所花的钱，而是看书所花的时间，所以我们要把最宝贵的时间使用在最有价值的内容上，“事无巨细”的阅读方式，弊远大于利。

3.2.4　用略读的方式解决回读的问题

读书中的第二大常见恶习，就是回读。它会降低人的阅读速度，让人的眼睛总是不受控制地往回跳。

有人说这是一种毛病，其实并不然。读书时之所以会出现回读的现象，是因为读者的大脑没能理解刚才看过的内容，所以，眼睛就会下意识地再回去看一遍，以确认这段内容在表达些什么。

接下来，请你仔细看一遍这3组中的关键词：

老虎、狮子、大象、熊、猴子

苏门答腊虎、洞狮、猛犸象、眼镜熊、黑叶猴

脊索动物门、哺乳纲、真兽亚纲、类人猿亚目

仔细阅读这3组中的关键词，你会发现一个特点，当我们看第一组关键词时，眼睛会一闪而过，同时大脑会立即理解这些内容，甚至还能产生一些画面感；但是看到第二组和第三组关键词时，我们会下意识地回看两眼，此时大脑里还会有一些空白。

出现以上这种现象，是由于我们对第二组和第三组的内容不够理解，此时大脑就会出现停滞的状态，同时让眼睛再次去回顾一遍，以确认这些内容。所以说，读书时出现的回读现象，是一种很正常的生理反应。

但是，如果一个人习惯于不断回读，或者是沉溺在读不懂的地方反复去读，那这就是一种严重的阅读恶习了，反复回读会打乱你的阅读节奏，让你的注意力陷在一个难以理解的细节当中，并开始变得焦虑。

读到看不懂的地方要怎么办？不必跟它纠缠，因为从理论上来讲，没有

任何一本书能被100%地理解，当你遇到不理解的内容时，即便你反复回读，也未必能读懂，因为它的答案很可能是在书的后半部分，甚至是在另一本书里面。所以，当你遇到那些读了三五遍都难以理解的内容时，千万不要跟它们纠缠，此时你要快一点略读，也许在后面才能够找到答案。

真正会读书的人，都会控制好自己的阅读节奏，在有感觉的地方，多品读一会儿，遇到没感觉、看不懂的地方就快速略过，这就像陶渊明在《五柳先生传》中所说的那样，“好读书，不求甚解”，但别忘了，在有感觉的地方，还要做到“每有会意，便欣然忘食”。

3.3 提升阅读速度的三大技巧

3.3.1 旅行式阅读法

关于影响阅读速度的阅读恶习，前面都已经分析过了，接下来将分享3种提升阅读速度的重要技巧。

第一个技巧是旅行式阅读法，那么什么是旅行式阅读法呢？就是把读书当作一场旅行，出发时要有明确的目标，并在过程中追求良好的体验感。这一点也和第二章中所提及的带着目的性去读书有一定的相似之处。

掌握旅行式阅读法对读者有以下5点好处：

- 提升读者的大局观
- 增强读者读书时的目的性和判断力
- 精准定位读书的价值点
- 保持专注力
- 提升阅读速度

具体怎么做呢？旅行式读书法一共分成3个步骤。

1. 确定目的地

一场旅行在出发前，首先需要明确自己的目的地，想去哪儿是最重要的。放在读书上来看，就是要先确定好准备读哪一本书，同时思考为什么要读这本书，自己希望寻求什么样的答案。

目标越清晰越具体越好，但是不要贪多，保证每次能解决一个问题就很好了。这就像苏轼所说的读书状态："书富如入海，百货皆有之，人之精力，不能兼收尽取，但得所欲求者尔。故愿学者每次作一意求之。"

2. 直奔目的地

定好目标以后，接下来就要直奔目的地。此时最关键的是，要避免自己在无用的地方上浪费精力，比如说，你要去俄罗斯旅行，那你就不要半路下来到黑龙江转悠，否则抵达终点的日子就遥遥无期了。

读书也是一样，要学会直奔目的地。很多实用类的书籍，开篇的内容都是用来强调自身的价值的，它的目的是告诉你阅读这本书的意义，当你准备去看一本书时，说明你已经认识到了它的价值，因此你就没必要在这方面浪费时间。所以书上有很多内容，你完全可以快速略过，直奔你需要的方法论和知识干货。

具体该怎么操作呢？首先，翻开你确定要读的书，找到目录页，通读一下目录，并从目录中找到你最想阅读的一节，然后直接跳到这里开始阅读。比如说，我在读罗伯特·西奥迪尼所写的《影响力》这本书时，就对目录当中"为什么我们明明不喜欢某个人，却对他提出的要求无法拒绝？"这一节很感兴趣，于是我就直接翻到这一节开始读起。

我之所以这么做原因有两点，第一是为了确保有兴趣阅读，读书时找到了兴趣点，能更容易读进去，同时阅读速度也会得到提升；第二是为了提前"验货"，看一看这个"景区"是否符合自己的胃口，如果符合，就多转一转，如果不符合，就赶紧闪人，不必再浪费更多的时间。

3. 闲庭信步多拍照

当你找到了宜人的“景色”时，你就需要细细品了。首先你要读懂这一段作者所希望传递的答案，然后把这些“风景”给“拍”下来，也就是通过划线和写笔记等方式留下自己思考的足迹，让书中的价值点和知识点呈现出来。读书读到这里，才是阅读的关键。

总的来说，旅行式读书法的使用节奏要因人而异，因为每个人阅读的目的性不同，知识储备也不同，所以关注点也是千差万别。但是，只要读者找准目标，直奔主题，就必然可以提升阅读速度。

3.3.2　指读法

关于阅读速度的提升，还有一种极其简单又十分有效的方法，叫作指读法。指读法操作起来非常容易，只要读者把手指放在书上，然后沿着文字的下方移动就可以了（见图3−1）。

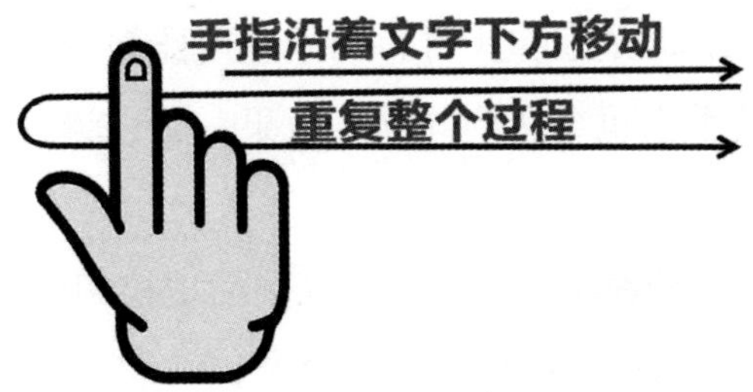

图3-1　指读法

可以说，手就是我们所拥有却尚未被发现的超级阅读加速器，而且指读法的好处还有很多，比如说：

- 阅读速度提升20%～30%；
- 手指的移动速度越快，阅读速度就会越快；
- 通过控制手指移动，能够灵活调整阅读速度；
- 更容易使人专注；
- 避免读书时出现“逗留”“回读”“看错行”等问题。

其实指读法很多小孩子天生就会用，因为人的视觉是需要被引导的，这是一种天性。然而可惜的是，很多家长都会阻止小孩子用手指着读书，只让他们用眼睛看，实际上这是一种错误的行为，反而会降低阅读的速度。

人眼移动是呈跳跃式的，看事物时往往是从一个点跳到另一个点上，如果缺乏视觉上的指引，眼睛就会不受控制地往四处看。其实这也是人类为了生存而进化出来的一种本能——全方位观察身边环境，以确保自身安全。

当我们面对一堆抽象性的文字信息时，如果不给眼睛以方向性的引导，它就会往四处乱跳。而现在你只需用指读法，就可以全面解决这个问题了。

更有价值的一点是，只需要加快手指的移动速度，阅读速度就会随之提升。而且手指移动的速度越快，人就会越专注。

这就和散步与跑步的区别一样，由于散步时的速度比较慢，人会很放松，此时就容易走神。但是在跑步时，由于速度比较快，人会变得更专注、更稳定，而快速移动手指也会达到同样的效果。所以说，手指移动得越快，人就越容易专注。

通过调整手指的移动速度，读者还可以灵活地控制阅读速度。当读到书中的知识干货时，就可以放慢手指的移动速度，细细去品；在读到书中可有可无的地方时，就可以加快手指的移动速度，帮助自己快速略过。

总之，手指是我们在读书时的最佳调速器。

3.3.3　奥特曼战斗法

日本动画中有一个很经典的形象，就是奥特曼。

奥特曼在战斗中有一个很明显的特点，就是有时间限制——在地球上停留不能超过3分钟。更有趣的现象是，奥特曼在战斗时，常常要等到最后时刻才能获取胜利，原本以为这只是剧情上的需要，但读了脑科学方面的书籍以后，才明白这是一个很科学的设定。

实际上，人的状态是由大脑激素的分泌所决定的，当人感受到来自外界的压力时，大脑就会分泌出一种叫作“去甲肾上腺素”的神经传递物质，这种激素可以综合提升一个人的“战斗力”——让头脑变得清醒，并提升专注力。

你可以回想一下自己曾经在赶工时的情景，比如说，正在努力修改一个10分钟后就要上交的工作方案，当时是不是特别沉静且专注，甚至会爆发出前所未有的工作效率。这种状态的出现就是因为大脑中分泌了去甲肾上腺素，而我们常说的“背水一战”“破釜沉舟”等状态也是同样道理。

所以说，适当的精神压力可以让人变得更有效率。当你在读书时，可以尝试着给自己施加一些时间上的压力，帮助自己更好地进入状态，从而提升阅读速度。这种读书方式可以称之为“奥特曼战斗法”，具体可以分为以下3步：

第一步，设定挑战任务，计划一下在多长时间之内想完成多少阅读任务——如5分钟内读完5页。

第二步，开始计时读书，在限定时间内不可以中断阅读。

第三步，计时结束，停下来休息一会儿。

有时还可以针对书中的一节或者是一章进行挑战，尤其是在注意力不集中的时候，这个方法更为有效。但是这个方法不宜频繁使用，因为频繁使用人会产生焦虑感。

在计时方面，最好避免使用手机计时，此处建议使用番茄计时器，用它来计时，效果会更好（见图3-2）。

图3-2　番茄计时器

本章总结

1. 快速阅读本质上是伪命题，读书的重点在于理解，而不是速度，所以读书时追求的是快速理解，而不是快速读完。

2. 一本书的“理解成本”是影响读者阅读速度的关键，一本书的“理解成本”越低，读者的阅读效率就会越高。

3. 读者只有读得越多，才能读得越快，要像滚雪球一样去提升我们的阅读速度。

4. 读书中有两大恶习，一个是阅读强迫症，一个是回读，而读者可以通过略读的方式，有效解决这些问题。

5. 提升阅读速度的3大关键技巧分别是旅行式阅读法、指读法和奥特曼战斗法。

Chapter 04

×

第四章

读完就忘——避免阅读误区，更好地理解和记忆

读书中最令人尴尬的事情是什么？不是读不进去，也不是读书速度太慢，而是你花了几个小时，甚至是十几个小时的时间读完了一本书，却想不起来自己都读到了什么内容。

从读完就忘的角度来讲，我们可以把人分成“读书人”和“读过书的人”这两类。读完书后，能够记得住书中的核心思想，能够随意拾起书中片段侃侃而谈的人，就是“读书人”；如果读完书后毫无印象，与人聊到自己读过的书时，只能尴尬地说一句：“嗯，我读过这本书，还不错，但具体内容我都忘了……”那只能算是个“读过书的人”。

其实，多数人都有读完就忘的体验——在刚读完书时，一把书合上，就如同在大脑中按下了“清空内存”的按钮，瞬间会忘掉自己之前所读的所有内容，此时无论再怎么回想，大脑中都是一片空白，仿佛喝了一杯“忘书水”。

在读完就忘的那一刻，每个人都应该反思一下——自己到底是个读书人，还是个读过书的人？如果你是一个读过书的人，还时常安慰自己说：“虽然忘了，但读了总比不读强吧。”那这就是在进行自欺欺人式的学习。因为读完的书如果没能在记忆中留下印迹，就说明书上的知识并没有内化成你自己的思想，而这样的阅读，就是一次无效阅读，也是虚假的勤奋——看似在努力读书，实际却没有收获。

曾经有人把读书比喻成吃饭，说：“**小时候我们吃过很多食物，现在已经记不起来吃过了什么，但可以肯定的是，它们中的一部分已经长成了我们的骨头和肉，读书也是一样**。”这句话乍听之下挺有道理，可其实就是一碗浓浓的“鸡汤”。

人的大脑与消化系统在运转方式上相差甚远。大脑最明显的一个特点，就是“懒”。在《超越智商》这本书中，作者把人类大脑称为“认知吝啬鬼”，因为他发现大脑的常态就是尽量“不动脑”。

为什么大脑会这么“懒”呢？其实这也是大脑的聪明之处，它之所以不会主动“动脑”，是因为“动脑”会快速消耗人体的能量。别小看我们大脑的“能耗”，这个只占人体体重2%左右的器官，会消耗人体总能量的20%以上。而且越“动脑”，消耗就越大。当你思考的时候，数百万个神经元细胞会来来回回紧张地相互传输着信息，并和身体各个组织器官发生着联系。这些神经元细胞是需要能量的，它们会消耗75%的心脏血糖和20%的身体总血糖，还需要氧气。总之，思考时的大脑会不断地消耗能量。

在食物短缺的远古时期，避免“无意义”的“动脑”是大脑最明智的选择。因为经常“动脑”会不断消耗能量，当能量消耗到一定程度时人就会饥饿，饥饿了就要出去觅食，而觅食就必须承担被野兽袭击的风险。所以，大脑为了保障人的安全，会尽可能地让自己处于节能的状态，避免任何多余的消耗。

而与之相反，我们的消化系统在工作时，完全是自行运转的，它积极且主动。因为消化系统的责任是为身体提供能量，以保证人体运行的基本需要，所以它在运转时是最勤奋的。而且它还会在身体能量不足的时候，主动向你传达饥饿感，提醒你需要补充食物。这种状态，是大脑完全不具备的。

总而言之，吃完的饭你可以不用管，因为你的肠胃系统会自动帮你消化食物；但读完的书，你必须主动去记忆，因为你的大脑“懒”得帮你处理知识。在读书时，如果你不能主动地进行思考和记忆，那你无论读多少书，都是收效甚微的。因此，读书时不要假装自己很努力，毕竟结果不会陪你演戏。

为了更好地提升阅读效率、增强记忆效果，我们需要系统地学习读书中的记忆方法，并避开读完就忘中存在的种种误区。

4.1 误区一：缺乏人生联系

4.1.1 你是在看书还是在瞪书

读书中有一种状态，叫作瞪书。

什么叫瞪书？在翻看一本书时，不进行主动的思考，只是用眼睛把书中的每一个字都看过一遍，便认为自己完成了读书的任务，这种缺乏思考的读书状态就是瞪书。有这种读书状态的读者会发现自己读完就忘，根本想不起来书里都讲过什么。

想不起来的主要原因，就是在瞪书的过程中，只有眼睛在动，但大脑并没有跟着一起动。

读书时要想记得住，就必须得动脑子。但是动脑子这个词太过抽象，也不好理解，我们索性就说得具体一些。所谓“动脑子”，是指在读书时，大脑中能够建立各种联系，其中最为重要的，就是把书中的思想与自己的人生经历相互联系。这个建立联系的过程，就如同在为知识修建一座桥梁，让新知识能够更快速地走进我们的大脑，进而内化成我们认知的一部分。

4.1.2 将新知识和旧经验联系起来

真正好的记忆力，不是靠死记硬背，而是学会发现事物背后是否有熟悉的规律，再把陌生的事物和熟悉的事物联系起来进行记忆。这一点我们用一个小测验来理解一下，接下来请你尝试用10秒钟的时间，记住下面这串数字：

1 4 9 16 25 36 49 64 81 100

如果你真的尝试了，你会发现10秒钟的时间真的很难记住它们。即使有少数人的记忆力比较好，能一瞬间背下来，但只要时间一长，依然会忘得一干二净。甚至有可能10分钟后就全忘了。

有没有可能只用1秒钟的时间，就把上面的这串数字永久记下来？其实是可以的，假如你能看出这串数字背后有自己所熟知的规律，并利用这个熟知的规律去记忆，你就一定能够做到。

比如说，换成下面这串数字：

1^2 2^2 3^2 4^2 5^2 6^2 7^2 8^2 9^2 10^2

怎么样，这样是否很好记了？其实第一段那么长的一串数字，不过是将数字1到数字10的平方按照顺序排列起来的。这串数字之所以好记，主要是因为我们对数字1到数字10的排列顺序特别熟悉。在这个小测试中能发现，当我们把陌生的事物和熟悉的事物联系在一起时，就能既轻松又快速地把陌生事物记住。

在读书中，陌生的事物就是书上的新知识，熟悉的事物就是我们自身的旧经验。当我们把书上的新知识与我们自身的旧经验联系在一起时，读书的记忆力就会成倍提升。

联系的产生常常是顺其自然的，但是为了提升读书的记忆效果，我们需要通过思考的方式，把它变成一种刻意的行为。毕竟我们的大脑是一个“认知吝啬鬼”，它不会主动去记住一个和自己“无关”的陌生事物。所以你需要让大脑意识到，眼前的事物是它很熟悉的，此时的大脑才会把新知识自动融入已有的旧经验，从而变成自己的长期记忆。

如果把新知识比喻成一个人的话，那学习的过程就好比是给这个人安家。假如你用死记硬背的方式来给他安家，就如同把这个人扔到了荒无人烟的大沙漠里，由于沙漠中缺少生存资源，所以这个人大概率会死亡。相反，如果我们用联系的方式来给这个人安家，就如同把他送进了一线城市里，这里资源丰富、配套设施齐全，只要不出什么意外，活下来的概率就是100%。

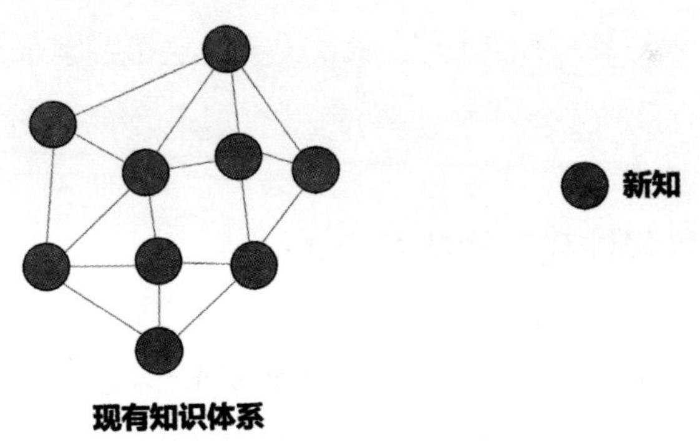

图4-1　没有联系

要想记住一条信息，必须将其与既有的知识网络连接在一起。

图4-2　有联系

如图4-1所示，当新知识不能够和旧经验产生联系时，它就会处于一种孤立无援的状态，此时新知识就会很容易被快速遗忘。相反，当新知识与旧经验建立起联系时，新知识在“左邻右舍”的照顾下就会很容易被记住（见图4-2）。总之，记住一个新知识的最好方式，就是将其与既有的、熟悉的旧经验联系在一起。

4.1.3　“六经注我”的读书模式

从联系的角度来看，读书可以分为两种模式，一种叫“我注六经”，另一种叫“六经注我”，这两个概念出自宋朝陆九渊的《语录》。

其中“六经”和“注”这两个关键点需要展开解释一下。从传统意义上讲，“六经”是指《诗》《书》《礼》《乐》《易》《春秋》这六本儒家经典，而我们现在说起“六经”，泛指所有的经典好书。“注”字可以当理解、注解、诠释来讲。

“我注六经”是指读者在读书时会尽力理解书籍的本义，最终希望自己能读懂书中的每一句话。这样的读者常常是以书为中心，容易对书产生盲从。此时，人是在为书而活。

而“六经注我”是指读者在读书时会使用书中的思想去诠释自己的人生、理解自己的行为。这样的读者在读书时是以人为中心。此时，书是为人而“活”。

如果一个读者想把新知识有效地融进旧经验，关键是要掌握“六经注我”的读书模式。这种读书模式可以让书中的知识与我们的人生产生联系，让它们彼此诠释、互相印证，变成一个完整的生态系统，从而变得不易被遗忘。

那怎样才算是做到了“六经注我”呢？就比如说，我在读《高效演讲》这本书时，其中有一个概念叫作“心灵之眼”。这一概念告诉我们，一个人状态的好坏，不单是由身边发生的事情所决定的，更大程度上是由我们关注事情的角度所决定的。也就是说，你越关注什么，你就越能感受到什么。而且心灵之眼还有个特点，就是当你不主动去控制它时，它会自动关注事情消极的一面。比如说，在演讲时，演讲者常常会下意识地去关注那些不认真听讲的人。

读到这里，我当时就联系上了一个自身经历。记得我在刚开始讲课的时候，总会下意识地去关注那些不认真听课的学员，进而产生自我怀疑，影响了自己的讲课状态。但是事实上，当时大部分学员的听课状态都十分认真，只是我没有去注意他们。虽然我现在已经没有了这类问题，但在当时我是很受其困扰的。我的这些经历，正是《高效演讲》里所说的心灵之眼的特点——人总爱下意识地去关注负面的事情。然而正确使用心灵之眼的方式，是有意识地控制自己多去关注事情积极的一面，多去看那些认真听课的学员，这样才能让自己保持良好的讲课状态。

以上就是我在读书时产生联系的过程。其实这种被联系过的新知识，都会瞬间变成读者的长期记忆，不易被遗忘。相反，那些死记硬背下来的内容，就很容易被遗忘。就像我们参加过的高考，经过那么多高强度、高密度的考试之后，那些缺乏人生联系的知识我们现在还能记住多少呢？

读书其实是一个连接过去与未来的桥梁，只有让知识联系上过去，它才能通向未来。所以，读书时你要时常地反问自己：

当你读一本医书时，你是在刻意去记其中的内容，还是在想着你接触过的活生生的病人？

当你在读一本销售类书籍时，你看到的只是销售的技巧，还是会想起自己曾经遇到过的客户？

当你在读哲学类的书籍时，你看到的仅仅是哲学思想，还是会想到自己的人生经历？

……

当读者读完书后，如果能随心所欲地用书中的思想去诠释自己的人生经历，那就说明读者已经将书中的知识种进了自己人生的土壤里。只要读者做到这一点，读完就忘的问题必然会迎刃而解了。

所以说，避免读完就忘的关键，就是要学会“六经注我”的读书模式，让知识与自己的人生互相融合，从而内化成自身的一部分。要知道**人生中最难遗忘的是我们自己的人生经历，当新知识融合进我们的旧经验时，它自然会变成同样难以遗忘的内容。**

总的来说，人在读书时，同时在读两本书，一本是有字的书，一本是无字的书。有字的书记载的是知识、案例、思想，而无字的书记载的是我们每天所接触的万人、万事、万物，当这两本书相互交融在一起时，我们的思想就会绽放出智慧之花。

4.2　误区二：缺乏刻意回想

4.2.1　记忆力差是假的，懒才是真的

有几个问题希望你在阅读之前思考一下：

（1）在你读书时，你会摘录阅读重点吗？

（2）在你读完一本书后，你会主动进行回忆吗？

（3）一本好书读完后，你会反复再看几遍吗？

（4）你会拿一张白纸去梳理一本书的知识框架吗？

（5）在你读完一本书后，你会与他人分享吗？

因为我常年开课讲书，而且每次都会围绕一本书侃侃而谈三个小时，所以学员们都认为我的记忆力特别好，于是总有学员跑来跟我吐槽，说自己没有这么好的记忆力，看完的书都记不住。其实这种想法是错误的，我之所以能如数家珍地去讲一本书，并不是因为我的记忆力好，而是因为我私底下做了很多的功课。

我在每次讲书前，都会做很多准备，其中有5件事情是必做的：

（1）标记好书中所有的知识重点与案例，并进行回顾；
（2）放下书，反复回想书中的重要思想；
（3）根据自己的理解，梳理讲书框架；
（4）绘制出一本书的思维导图；
（5）制作讲书用的PPT。

通过以上这些步骤，我至少会把一本书反复回顾数次。做了这么多努力才把一本书变成自己的东西，这算是记忆力好吗？之所以强调这一点，是想说明一个道理——“只有特别努力，才能看起来毫不费力”。一个人优秀的表现，其实都是私底下用努力换来的。所以不要把记忆力不好当作借口，说记忆力差都是假的，只有懒才是真的。

4.2.2 艾宾浩斯遗忘曲线

在记忆方面，有一个大众熟知的理论，就是“艾宾浩斯遗忘曲线”。这是由德国著名的心理学家赫尔曼·艾宾浩斯提出的，这个理论为我们揭示了一个事实，就是当人在接受新知识时，如果不能定期回顾，大脑就会有规律地遗忘它们。

一般而言，人们在学习结束的那一刻，就会开始遗忘，而这个遗忘的速度是呈雪崩式的。人在刚结束学习的20分钟内，就会马上忘掉所学内容的将近一半，1天过后，就会遗忘超过三分之二以上的内容（见图4–3）。

艾宾浩斯遗忘曲线向我们证明，在现实世界中并没有什么过目不忘的本领，所有学过的东西都会随着时间的流逝而渐渐遗忘。那我们该怎么解决这个问题呢？答案很简单，就是做周期性的读书回想。

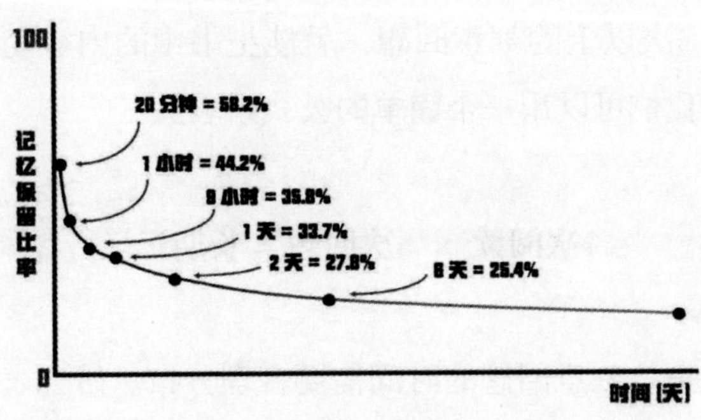

图4-3　艾宾浩斯遗忘曲线

4.2.3　记忆技巧——刻意回想

做读书回想是一个需要刻意为之的事情。因为读者在做读书回想时，必定会产生痛苦感。事实上，有很多读者在读完书后，都会下意识地尽快把书扔到一边，究其根本，是为了避免回想时的痛苦感。

实际上，做读书回想之所以会产生痛苦感，是因为我们的记忆中存在着阻力——神经元之间的连接并不通畅。反之，如果神经元之间的连接变得通畅了，回想时的痛苦感自然就会消失。

其实减小记忆阻力的最好方式，就是让大脑不断地对所要记忆的内容进行反复回想，直到神经元之间的连接变得通畅为止。

这一过程就如同是在磨刀，只有通过反复打磨，除去铁锈，才能让刀的表面变得光滑、刀刃变得锋利。其实在读书中我们也要有一种“磨刀精神”，要学会享受在读书回想时所产生的“摩擦”，只有这样才能让我们的“记忆通道”变得更加顺畅，甚至形成一个稳定的长期记忆。

为了更好地记忆，我们不仅不能避免回想，而且还要主动地、刻意地去制造回想。所以在此处要讲的读书技巧就是刻意回想。

一般而言，5次以上的刻意回想，就能把书中的内容变成自己的相对稳定的**长期记忆**，我们可以用一个简单的公式来表达：

1次阅读 × 5次回想 = 长期记忆

值得注意的是，刻意回想的时间需要合理分布。研究表明，要想把一个知识点钉进记忆里，读者与其一次性地重复几十遍，不如每隔一段时间巩固一次。这就像是用水泥盖房子，在砌墙的时候，你需要给水泥干燥的时间，反之，如果只是一味地着急往上盖，结果就会发生倒塌，跟没盖一样。

那么到底要怎么做呢？可以分为以下5个时间节点来进行刻意回想。

（1）读完书后，立即刻意回想

每一次读书时，无论你读了多少页，在合上书的第一时间就要进行刻意回想，想一想刚才读到了什么内容。此时不必回忆所有的内容，只需提取关键概念，回想起核心部分即可。此时不必求多，也不必求全，关键是捕捉要点。哪怕你一次只是读了几页书，你也有必要强迫自己进行回想。

如果你发现自己刚读完就已经想不起来，那么就需要立即再回看一遍。看完后，必须再度合上书进行回想。最终，你要保证在不看书的情况下，还能回想起书中的要点。如果你只是在看到的时候才能想起来，就说明这个内容并不属于你。

仅仅是看明白了，就以为自己学会了，这是学习中普遍存在的能力错觉，所以，阅读后立即刻意回想，才能确保自己学有所获。

（2）读完书后1小时，再次刻意回想

1小时的时间，足以让我们忘记书中将近一半的内容，如果你超过这个时间再去进行第二次回想，难度会大幅提升，所以建议在读完书后的1个小时左右，进行刻意回想。

（3）睡觉前，刻意回想

每天临睡觉之前，都可以在脑海中再次回想一遍。因为当你入睡时，你的大脑不会停止工作，而且在你睡着时，大脑会根据你临睡前所思考的内容，帮助你强化记忆。

（4）再次看书前，提前刻意回想

准备再次看书之前，不要着急往下看，先回想这本书前面都讲了些什么，把你的记忆调动起来之后，再开始往下阅读，如果忘了的话，请再次快速回看一遍前面的内容，以巩固记忆。

（5）碎片化时间，随时刻意回想

以上4个刻意回想做好之后，你就可以在碎片化的时间里，随时随地地回想书中的内容，越是好书、好内容，越要多回想。

刻意回想的过程，是让大脑主动地去回想关键概念，并非是通过重复阅读来被动地获取知识。而且，读者一旦知道自己读完书后要对书中的内容进行回想，他就必然会去尝试记住书中更多的内容，以方便自己进行回想。

接下来，你可以做一个小小的练习，现在合上书，请回想一下刚才这一节中你都读到了什么内容？你能否想起来“艾宾浩斯遗忘曲线”“1次阅读×5次回想=长期记忆”“刻意回想的5个时间点”等内容？

如果说你已经遗忘了，那你最好翻回去再快速看一遍，以确保自己能回想起来，此时千万不要做自欺欺人的阅读者。记住，能回想起来是证明你读书有效的唯一证据。

相信有一些读者会有这样的疑虑，如果按照这种方式去读书会不会太麻烦了？你要是真的这么想，那就大错特错了。

其实刻意回想是众多读书方法中性价比最高的，原因如下：

第一，刻意回想的方式看似费时，但实际占用的时间却很少。假设读10页书需要用20分钟的时间，那回想10页书的内容需要多长时间呢？实际上不会超过1分钟，如果你真的做到了5次刻意回想，那你所占用时间也不过是5分钟而已。然而这5分钟所创造的价值，要远高于去读5分钟的新内容。

第二，刻意回想的过程，能让你的“所读”变成你的“所有”。在读书中，最重要的往往不是你还未读的内容，而是你已经读完的内容。如果你始终留不住自己已经读过的内容，那你就是在浪费自己的时间和精力，如同一个没有密封的沙漏，上进下出，毫无积累。

第三，经常做刻意回想，能增强你的记忆力。我们的记忆力就像肌肉一样，越训练就会越强大。但是，如果总不去用，记忆力也会像肌肉一样慢慢萎缩。总之，当你养成了刻意回想的习惯后，你的记忆力会变得越来越好。

第四，刻意回想会让你产生读书的自信。如果你总是记不住读完的书的内容，那在你的潜意识中，会对旧知识怀有愧疚感，而且还会对新知识产生畏惧感。读到的东西总是留不住，就必然会对自己产生一些负面影响。但反过来看，如果你总能把读到的东西扎实地记住，那你在读书上就会有很好的赢的体验，从而增强自己读书的自信心。

而且在每次回想的时候，都要带着一种整理“战利品”的心态，不要总想着自己会忘掉些什么，只去想自己还记得什么，哪怕只能回想起来一个点，那都是在这次读书中切切实实的收获。

如果说你已经知道了刻意回想的价值，但依然不愿意去回想，只喜欢一味地往下读，那就说明你错误的读书习惯已经比较重了。因此，建议你最好从此刻就开始改变，去练习刻意回想。

总而言之，在读书时，要学会适当地停下来，去回想一下自己读过的内容，让自己记忆的灵魂跟上来。

4.3　误区三：缺乏阅读输出

4.3.1　9倍提升记忆力的读书技巧

美国著名的学习专家埃德加·戴尔在1946年提出了“学习金字塔”理论，他通过实验的方式发现，不同的学习形式会让学习的吸收效率产生巨大的差异。下面是在不同学习形式中的学习吸收率（见图4-4）。

听讲（Lecture）：听别人讲解能够记住学习内容的5%；

阅读（Reading）：单纯看书能够记住学习内容的10%；

视听（Audiovisual）：看影像、看展览、看图能够记住20%；

演示（Demonstration）：现场观摩能够记住30%；

讨论（Discussion）：参与讨论、发言能够记住50%；

实践（Practice Doing）：亲身体验、动手做能够记住75%；

教授给别人（Teach Others）：教别人能记住学习内容的90%。

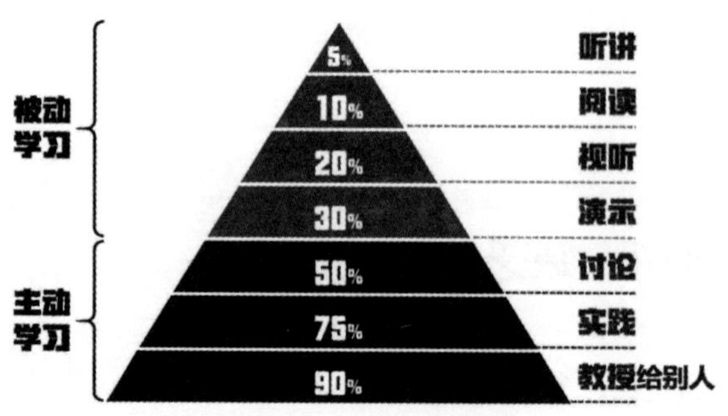

图4-4　学习金字塔

这组数据充分证明，学习必须讲究形式，当不同的人学习同样的内容时，就因为学习形式的不同，学习的吸收效率就能产生18倍的差距。这就等于一个不会学习的人，他用18年的时间去学习，却可能比不上一个会学习的人1年的学习效果。所以说，那些成长速度令人惊讶的人，并不是和常人有什么不同，而是他们使用了远超一般人的学习方法。

以上这些学习形式的区别是什么呢？主要是学习状态上的主动与被动，上面所提到的学习形式——“听讲（5%）”“阅读（10%）”“视听（20%）”“演示（30%）”这四种方式都属于被动式学习，接受者只需要看或者听就可以了，其实这就是一种填鸭式的学习方法，因此学习吸收率最高也没超过30%。

而后三种“讨论（50%）”“实践（75%）”“教授给别人（90%）”都属于主动式学习，需要学习者参与其中，还需要形成互动，而在这个互动的过程中，所有的学习者都必须逼迫自己动脑思考，否则是无法完成学习任务的。由于受到了这样的“逼迫”，学习者就需要去积极地思考，那么学习吸收率自然就得到了大幅提升。

从传统“阅读”的学习形式，到“教授给别人”的学习形式，这两者之间的学习吸收率，足足相差了9倍。

因此，当你感到自己读书遗忘率很高时，就把自己读到的内容讲给别人听——也就是所谓的“讲书”，只要你用好这一招，就能让自己的读书记忆力提升9倍！

4.3.2 讲书才是最好的读书法

关于讲书的价值，我自己是深有体会的。因为我常年在线下开办读书会，每周都会讲一本书，截止到2020年，我已经系统地讲过了200多本书。在这个讲书的过程中，我发现进步速度最快的并不是来听书的学员，而是我自己。

进步快是因为我每次读书时，都会思考如何做知识输出。正是因为有了这个目的，我才会尽力去捕捉书中的精华，去筛选书上什么内容最值得分享，并思考如何把内容讲得更清晰、更透彻。同时，为了让内容更好理解，我还会去联系生活中的场景、社会中的现象以及其他书上的相关知识，尽可能让讲解变得更加生动、全面、易懂。一次次讲书，让我把每一本书都读得十分扎实、透彻，所以我的提升速度要远高于来听书的人。

所以说讲书不仅是一种行为，更是一种高效的学习方法，它可以让读者在读书时化被动为主动、化迷茫为清晰、化懒散为勤奋。实际上，当读者知道自己需要去讲一本书时，他就会自行脑补教学时的场景，去思考该如何把自己读到的内容分享给其他人。

而且为了把书讲好，读者还会调动自己所有的注意力，去寻找书中有价值的内容，同时还要倒逼自己进行更加积极的阅读，不断地去思考关于一本书的各种问题，比如说：

- 这本书能帮助我们解决什么问题？
- 它的方法好用吗？我认可吗？

- 书中最有价值的观点是什么呢？
- 我该怎么讲解这些内容呢？
- 这本书的逻辑结构是什么？知识框架是什么？
- 书里的内容该如何和生活联系？
- 我还能想出什么样的相关案例进行补充吗？
- 这本书里最打动我的话是什么？

……

这种状态就好像是在开着雷达去读书，不断搜寻最有价值的内容。而且当读者思考这些问题时，他的阅读状态还会变得极其热情。

带着讲书的任务去读书时，读者就能够充分激活自己的大脑，让自身的记忆力、理解力和思考力都上升到一个巅峰状态，同时，读者还会反反复复地思考并巩固书中的内容，以免出现自己不知道讲什么或者讲不明白的状况。

读书就是有这样的特点，你有多主动，读书效果就会有多好。

从这一点我们就能看出，有的人之所以读书效率低，就是因为不会转换自身的角色，总在当一个被动的接受者。要知道，写作的人和讲书的人都是需要花一些力气的，因为他们需要主动去组织思想，并思考如何说服读者或听众并让他们认同自己。但是听众和读者却不需要想这么多，因为他们只需要坐在那里接受就可以了。

现如今，网上充满了各种各样的听书平台，如“得到”“喜马拉雅”“樊登读书会”等，不计其数，我问过很多长期使用这些平台的人，去了解他们的学习效果如何。结果不出所料，这种听讲的形式，学习吸收率确实非常低，也许比5%还要低，大部分人都是在听的时候感觉内容讲得不错，但是听过后都会快速遗忘，能记住的东西寥寥无几。

其实平台本身并不存在什么严重的问题，即便有人评价说这些平台是在贩卖“知识焦虑”，但我认为这种批评是无意义的，毕竟传授知识是一件有价值的事情，不能因为吸收效果不理想就否定一切。

总之，为了避免自己陷入这种填鸭式的学习形式中，我们需要像作者和讲书人一样去主动地思考，然后尝试着多做一些阅读输出。虽然说讲书比读书的挑战要大，但是，挑战越大，收获就会越大。难度和收益一定是成正比的。

有人曾这样说过：“做你没做过的事情，叫作成长；做你不愿意做的事情，叫作改变；做你不敢做的事情，叫作突破。”很多人在一开始面对讲书这项挑战时，可能会畏惧不前，但是，为了遇见更好的自己，我们必须做出一些突破。就像查理·芒格说的：“要得到你想要的某样东西,最可靠的办法是让你自己配得上它。”

4.3.3　引爆阅读力：以教为学

比讲书更厉害的一招，就是以教为学。

讲书是要求读者在读完书后立即去教给别人，而以教为学是要求读者要先定下一个去教别人的任务，然后再去读相关的书籍。比如说，你想学习一些关于情绪管理的书，那你完全可以先定下一个让自己去教别人怎样做情绪管理的任务，然后你再带着这个任务去读书。

不要担忧自己现在还不会这些内容，只要你肯努力去学，一定能够学得会。其实以教为学的重要目的之一，是让读者自己逼迫自己进入一种“背水一战”的状态。就如同你想翻过一道墙，那就先把背包扔过墙，然后自己再想办法翻过去，只要你肯想，总会有翻过去的办法。

关于以教为学，我有过许多类似的经历，而最有趣的一次就是解读曾国藩。其实我一直都想具体学习一下曾国藩的思想，但是由于种种原因，没空去研读关于他的书。后来，为了逼自己把曾国藩研究一下，我就给自己专门安排了一期讲曾国藩的读书会，这下任务在身，我就必须去读书了。

讲曾国藩的书有很多，而我当时选择了一本比较畅销的书，就是张宏杰教授的《曾国藩的正面与侧面》。这本书的序言是由柴静写的，其中记录了她和作者的一段对话，当时她大概问了张宏杰这样一个问题：外面有那么多讲曾国藩的书，为什么还要写一本关于曾国藩的书？张宏杰是这样回答的："我没想这么多，我只是对他感兴趣，想通过写他来了解他。"

当看到这里时，我会心一笑，因为我发现我读这本书的动机，居然和作者写这本书的动机不谋而合——为了更好地了解曾国藩，而给自己定了一个知识输出的任务。只不过张宏杰教授是写出了一本畅销书，而我只是做了一场反响还不错的讲书。但是对于我自己而言，这个收获已经足够大了，如果我在平日里只是凭兴趣读一本曾国藩的书，肯定不会读得那么细、那么精，也不会把曾国藩了解得那么透。可以说，以教为学的读书方法给我带来了数之不尽的好处。

以教为学的读书方法之所以会这么有效果，是因为任务的压力会让我们去做更多准备，去抠书中更多的细节。当我们想给人"一瓢水"时，我们至少要保证自己有"一缸水"的储备；如果自身只有"一瓢水"的话，那只能给出去"一勺水"，我们又怎能好意思做这样的教学呢？

所以说，一个有压力、有意义的目标，会赋予我们更强的读书动机。使我们不满足于"一瓢水"的收获，从而让自己努力去装满"一缸水"。没有压力，怎么能有动力呢？

总而言之，以教为学的读书方法，能让我们的阅读更有成效。

4.4.4 "过目不忘"的学习技巧——费曼学习法

理查德·费曼是美国理论物理学家，量子电动力学的创始人之一，纳米技术之父，诺贝尔物理学奖获得者，曾任教于普林斯顿大学物理系。

费曼一生的成就非常多，除了学术上取得的成就之外，费曼还是一位非常出色的教师。但是他极其厌恶一些教授在讲课的时候只从自己的角度出发，说一堆晦涩难懂的专业术语。用最简单的话语把复杂的概念给别人解释清楚，是费曼一直推崇的教学理念。

他在给300多名大一新生教授物理课的时候，能够用最简单的话，把一个概念解释清楚，而且还能结合身边发生的例子。所以他的课堂经常人满为患，他的讲课内容也被学生录音整理出版后广受大家好评。

费曼一直被世人称为天才，其实费曼的天才之处大多是源于他过人的学习方法，而这个方法是人人都能学会的——费曼学习法。

运用费曼学习法，你能在读书中做到“过目不忘”。接下来，我会告诉你这套学习法的具体步骤。

第一步：明确概念

先找一张白纸，在白纸上写下自己所要学习的主要概念，或者准备要读的书，然后再开始进行阅读。

第二步：设想教学

边读边把自己想象成一名老师，同时想象着你的对面正坐着一个毫无这方面知识的学生，接下来，你要试图让他完全听懂你的分享。与此同时，你也可以把自己想讲的内容，用思维导图的方式呈现在一张纸上，让自己所要分享的内容一目了然。我每次准备讲一本书时，也都会画一张讲书专用的思维导图，用来厘清自己的思路。

具体如何绘制导图，我会在本书的第八章中进行讲解。

第三步：反复完善

在设想教别人的过程中，你的大脑一定会经历多次的“卡顿”。此时，千万不要因为讲不出来就贸然放弃，你要坦然面对自己讲不出来的思想。其实所有你讲不清楚的地方，本质上都是你理解得还不透彻。而你需要做的，就是再次回到书中，把没弄懂的地方理解清楚，去打通一切有“知识阻塞”

的地方。记住，学习不是一条单行车道，你可以反复重来。

第四步：化繁为简

尽一切可能把各种知识概念进行简化，让它变得通俗易懂。就像爱因斯坦在解释相对论时所说的："如果你在一个漂亮的姑娘旁边坐了2个小时，就会觉得只过了1分钟；而你若在一个火炉旁边坐着，即使只坐1分钟，也会感觉到已过了2个小时。这就是相对论。"你看，相对论在爱因斯坦那里被解释得十分通俗易懂。如果你发现自己在解释一个概念时过于晦涩难懂，你一定要不断进行简化。直到你感觉讲给老人和小孩听他们都能听明白时，才算到达了最完美的状态。

费曼学习法的关键，是要学会用自己的语言把书上的概念讲清楚。此时书上是怎么写的并不重要，重要的是你怎么用更直白的语言把概念表达清楚，这才说明你真正理解了这些内容。

当一个人说自己已经理解了什么，但就是讲不明白时，实际上他就是没理解。一个人只有把知识能清晰地教给别人时，才算是彻底理解了。都说"人才不一定有口才，而有口才的一定是人才"，这句话是有一定道理的，因为只有心里想得明白，嘴上才能讲得痛快。

4.4.5 唯有知识输出，才能建立知识体系

在不断教别人的过程中，我们不仅可以吃透书中的知识，同时还可以完成读书中最为重要的一步，就是建立自己的知识体系。

高晓松曾经做过一档节目，叫作《晓松奇谈》。在节目的最后一期，有一位记者提出过这样的问题，他问高晓松："你做这档节目这么多年，这么高的点击率，你最大的收获是什么呢？"

按照平常人的思维，肯定会想到金钱、名利等。但出人意料的是，高晓

松说的并不是这些，他认为自己最大的收获是通过一次次的分享，把自己大脑中原本零散的知识和信息变成了一个更完整的知识体系。

你看，即便是这样一个博学多识的人，也需要通过不断输出的方式来完善自己的知识体系。其实每个人都一样，我们如果不进行知识输出，大量零碎的知识就会缺少一个被整合的过程，此时所学到的东西就会在大脑中随意乱放，慢慢地，很多重要的知识就被遗忘掉了。

事实上，知识体系不是靠看书多形成的，而是靠大量的知识输出形成的，所以我们需要通过输出的方式倒逼我们自己进行系统化的思考。如果我们只是单纯地多读书，那么学的东西越多，思路反而会越混乱，甚至出现大量遗忘的现象。

就像社会上海量的大学毕业生，大家从小学到大学毕业至少读了16年的书，但是大部分人的知识体系还是很零散。甚至有很多人在大学毕业后，很快就会把学过的东西都还给老师。

之所以会出现这种现象，主要原因就是学生在学习的过程中缺乏系统化的输出。

总而言之，我们读书的目的是为了聚沙成塔，而不是形成一盘散沙。所以一定要用系统输出的方式来倒逼自己建立知识体系。

4.4.6 让思想结晶的艺术

建立知识体系的过程，是一个不断加强自身知识密度的过程。当知识密度达到一定程度时，我们就会形成自己的思想结晶，这过程就像水的3种形态。

比如说，当我们刚读完一本书时，如果不进行思考，那么所学到的内容就如同水的“气态”一样，飘散在大脑中的各个角落。此时这些内容，我们抓不着、看不见，也无法用语言把它们表达出来。

如果我们开始进行思考，那么所学到的东西会被压缩成“液态”。此时所学到的内容会像水一样在大脑中四处蔓延，虽然能看见，但是抓不起来。此时我们知道它是存在的，但是如果没有外界的引导，我们想不起来。这就像聊天一样，需要有人用话题引导你，你才能零零散散地把这些东西表达出来。

最后，如果我们开始不断地做知识输出，那么所学到的东西就会被压缩成“固态”，也就是形成了结晶——冰。此时我们所学到的内容不仅看得见、摸得着，而且它还十分稳定，可以随时拿出来与人展示、与人分享。

其实写作、演讲、讲课、讲书都是形成思想结晶的最好方式。当你一次次地进行输出时，你会积累越来越多的“冰”，最终它们会形成一个巨大的冰川——你的大脑中出现了一套大而完整的知识体系，就像我写下这本书的过程一样。

最后我想强调一点，认真地去教别人，看似是在付出自己的时间来帮别人成长，但事实上，帮助别人就是在帮助我们自己。

总的来说，只要你是带着一颗利他之心，那你就放心地去分享。讲得好不好重要吗？说重要，也不重要，因为完成比完美更重要。在讲书这条路上，不要等到自己很厉害了再开始，因为我们只有开始了才能变得很厉害。

本章总结

1. 读书误区一：缺乏人生联系。读书时，读者需要将书中的知识与自己的人生相联系，联系得越多，记忆的效果越好。

2. 读书误区二：缺乏刻意回想。艾宾浩斯遗忘曲线向我们说明了一点——记忆是会不断衰减的。所以，读者读完书后，如果不进行周期性的刻意回想，大脑必然会有规律地进行遗忘。

3. 每次阅读后，无论读了多少页，都需要你进行刻意回想，适合回想的5个时间节点分别是“刚读完书之后”“读完书后1小时以内”“每日睡前”“再次看书之前”“碎片化时间”。

4. 读书误区三：缺乏阅读输出。讲书是最好的读书方式，可以将读书记忆力提升9倍。看完书后，读者需要尽快把书上的内容讲给别人听，如果自己讲不通，就说明存在知识阻塞，需要进一步理解。

5. 以教为学的读书方式可以给自己施加压力，逼迫自己做出更积极的阅读。

6.“过目不忘”的学习技巧——费曼学习法，共分为四个步骤：明确概念、设想教学、反复完善、化繁为简。

7. 做知识输出可以帮助我们建立知识体系，而建立知识体系的过程，就是一个让思想结晶的过程。

Chapter 05

×

第五章

读完不用——阅读的最终目的是学以致用

读书的最终目的，是为了实现自我改变，如果有人读书万卷，但行动却丝毫不变，那这样的读书就是“虚假的勤奋”。

解决问题的第一步，是发现问题。经过分析总结后，发现问题主要在于不懂得学以致用。

5.1 读书是学习的途径，不是最终目的

有一年去迪拜旅行，我正在酒店前台办理手续时，看到旁边有两个中国人和一个外国服务员在沟通。当时，两个中国人在那连说带比画，但是服务员并没有弄明白是什么意思，最后还是导游过来才把事情沟通清楚了。

在前台办理手续时，顺便和他们聊了两句，其实这两个人后已经工作两年了，虽然从小学就开始学英语，但是一到要用英语进行沟通时，就成了哑巴。

学了10多年的英语，却依然不能用英语进行有效的交流，这件事情看似“可笑”，但是十分常见。其实学英语并不是一个特例，想一想有多少人写了10多年的作文，但在工作时依旧写不好一篇文案；还有多少人学了10多年的数学，但利率都算不明白。面对这些问题时，我们不禁要反思一下，以往的学习方式真的有效吗?

在读书学习方面，很多人会有一个思维误区，以为只要往大脑中装越多的知识就越好，不管用不用，先学了再说。

多数人之所以会有这样的思维惯性，是因为大家在成长的过程中，长

时间都处于为了学习而学习的状态，少有人学习是为了解决实际问题，长此以往就养成了一种习惯——忽视知识的现实应用。习惯了这种学习状态，人就会变得过于关注知识的获取，看到好的知识时会习惯性地摘录和收藏，结果摘录即遗忘，收藏即封藏，最终大部分人都停留在“知道”这个层面，无法通向“做到”。

如果读者认为读书的主要目的是把书读完，那么他就是在为了读书而读书，此时读书便会不问缘由、不求结果地去看。而且书一读完，就会把书放下，不再管它。如果一本书对你而言，当你看完之时，就是它“寿终正寝”之日，那么你一定是将把书读完当成了读书的核心任务，而这也是典型伪学习者的特点。

所以读书时要知入知出。入，就是要读进书中去，读懂吃透，掌握书中的实质内容；出，就是要从书中跳出来，能够灵活运用书本知识解决实际问题。

总之，读书重要的不是看完，而是会用。努力去做一个有归宿的学习者，带着改变的思想去读书。

5.2 学而不练，十年不变

5.2.1 知道≠做到

现在，我们已经明确了读完书并不是读书的最终目的，那么接下来我们开始深入探讨学以致用的问题——如何把书中学到内容更好的应用在实际生活与工作中？

首先我们需要认识到一点，从“知道”到“做到”，中间还隔了一个“练到”。但是有一个问题正摆在我们面前，就是人在自己“知道”的时候，往往会误以为自己也能“做到”，但结果往往是一看就会，一用就废。为什么会出现这种现象呢？其实人在读书时，都是顺着作者成熟的思路进行思考的，所以大脑会感觉到很顺畅，结果便误以为自己也已经掌握了，但其实这是一种能力错觉。因为读者只是在感知上觉得懂了，但实际上相差甚远。

就好像我们去学游泳，如果只是看了一本关于游泳技巧的书，并在心里模拟几遍，我们会很容易误以为自己已经掌握了这些泳姿，但是只要一下水，就会发现自己根本不行。

事实上，实用类书籍所承载的，只是一系列正确的行动指南，它的作用就像导航一样，它可以告诉我们如何准确地抵达目的地，但是它并不能把我们带到那个地方，这条路我们只能靠自己走。

陆游有一句话说得好："纸上得来终觉浅，绝知此事要躬行。"当我们得到一个实用的知识时，要想办法去实践，这样才能把知识的价值体现出来。所以说，在读书这条路上，我们终归要抛弃以"知识"为中心的学习，变成以"人生"为中心的学习。作为成年人，无论你是职场人还是创业者，一切要以现实意义为主，比获取知识更重要的，是将学到的知识转化为实际生产力。我们在心里必须明确一点："动"起来的知识，远比"躺"着的知识更有意义。

记住，读书只是起点，应用是终点，而练习才是转折点。

5.2.2　天真练习 vs 刻意练习

练习固然重要，但只做一些"天真的练习"，也会让人白白地浪费时间。就像有人做了十几年的饭，但做饭依旧很难吃。所以说，不是做的次数越多效果就越好。研究表明，当一个人的能力达到了可以被接受的水平，并且能做到自动化，那么再多"练习"几年，也不会有什么进步。

格拉德威尔在《异类》这本书里提出了一个概念，叫作"1万小时定律"，它告诉我们，当你在一个领域里积累了1万小时的锤炼，就可以成为这个领域里的专家。我想请你思考一下，你觉得这个理论靠谱吗?

其实很多人都会下意识地认同"1万小时定律"，因为人心向简，大家都喜欢有明确结论的东西，而且越直接越好，比如说，"努力等于成功""读书改变命运""坚持就是胜利"等。

然而真实的世界远没有这么简单，"1万小时定律"也常常会失灵。想象一下这些状况，比如说，一个人写了10年的字，他有没有可能写字依然很难看？再比如说，一个老师讲了10年的课，他的课程会不会依然枯燥乏味？事实上，这些事情都有可能发生，仔细观察你也会发现，在我们身边存在着很多努力了但没有结果的人。

其实没有结果的原因只有一个，就是练习的方法不对。

一切不讲究方法的努力，就像是仓鼠在仓鼠轮上使劲奔跑，虽然看似努力，但却没有前进。所以说，不带正确方法的练习，无法让人取得真正的进步，因为时间只负责让人变老，不负责让人成长。为了有效地将知识转化成行动能力，我们必须将“天真练习”改变成“刻意练习”。

“刻意练习”这一概念的提出者安德斯·埃里克曾在《刻意练习》这本书中说道：**“天才唯一的秘密，就在于刻意练习，用自己的一套系统性方法，不断突破自己的边界。”**这句话看起来有些抽象，但查理·芒格说过一句相似的话，而且更好理解，他说：**“打高尔夫的时候，你不能按照自己的本能来打，你得学点儿专业技术，做其他的事也一样。”**

“刻意练习”的重要标志，就是努力去做你现在无法做到的事情。如果不迫使自己走出舒适区，你就无法取得进步。就比如说学习演讲这件事，如果我们不学习专业的演讲技巧、不进行实战的演讲训练，只靠自己一个人去胡乱琢磨、随便讲，那么演讲能力很难会有明显的提升。而正确的学习方式，就是根据科学的演说系统进行刻意练习，一直练到这些技巧变成了自己的第二本能，此时才算是有真正的收获和改变。

通过读书来学习写作也是一样的过程，其实我在刚开始练习写作时，写得非常糟糕，如果我一直按照自己的本能去写，写作能力将不会得到有效提升。为了提升自己写作的逻辑和流畅程度，我开始阅读《金字塔原理》《结构性写作》《文案训练手册》《文案的基本修养》等诸多写作类的著作，学习其中的写作技巧，并按照其中的技巧进行刻意练习。

刚开始练习的时候，确实是很不舒服的，因为不同于自己日常的写作习惯，但正是因为这种不舒服，才促成了我的改变。虽然我在写作方面依然存在着许多不足，但是通过读书后的刻意练习，确确实实有了明显的提升。

走出自己的舒适区，针对自己的不足，按照正确的方式进行刻意训练，最终把学到的知识转化成实际行动，这才是有效的学习方法。虽然走出舒适区进行“刻意练习”是一件令人痛苦的事情，但是，没有“刻意练习”的辛苦，就没有一针见血的清楚。

总而言之，想让读的书有用，切忌原地不动，改变自己必须从“刻意练习”开始。

5.2.3　制作“知识模型卡片”

做好刻意练习要满足4个关键条件：

第一，设定清晰的目标，明确要学习的方法和掌握的技巧；

第二，走出舒适区，按照正确方法进行练习；

第三，专注的练习，要足够认真；

第四，要有反馈，了解具体的表现，并不断进行矫正。

按照以上条件来看，做好一次刻意练习并不容易，那我们该如何进行有效的刻意练习呢？

首先需要明确一点，在一本实用类的书籍里，技巧、方法、公式、套路等会有很多，根本不可能一次性全部掌握，如果我们想全部掌握，结果往往会一无所获。这就好比现在我们的眼前有10只兔子，此时下手抓几只最合适？准确的答案应该是一只。但凡你想抓两只或两只以上，你就一定会顾此失彼，最后连一只也抓不到。

不要担心一个时间只做一件事你会错过什么，聚焦往往是最有效的学习方式。因此，在进行刻意练习时，你一定要学会聚焦，把自己想掌握的方法锁定到一点上，每次只要专注练习一招即可。

如何能确保自己每次都能聚焦于一点上进行刻意练习呢？关键是要学会使用“**知识模型卡片**”。

步骤如下：

1. 购买100份名片大小的硬质纸的白色卡片。

2. 将书中你想掌握的关键概念记在不同的卡片上。

3. 将其中一张卡片随身携带，等到需要用时，先看卡片进行构思，之后再行动。

4. 每次使用后，进行复盘反思。

5. 当一张卡片上的知识概念被熟练掌握时，再换下一张。

这是一种极其有效的“笨方法”，它能保证你将书中学到的知识真正用上。哪怕有时会慢一点，甚至看起来傻一点，那也不要紧。你想想，谁第一次骑自行车的时候不是歪歪扭扭的？这很正常。做不好的事情一定要先慢慢做，练习得多了才能得心应手，最后就会像是天生的一样。

在《非暴力沟通》这本书中就有一个使用“知识模型卡片”的案例，作者的一位亲属学习了“非暴力沟通”之后，希望将这种沟通方法应用在工作和生活中，于是，他展开了一场“刻意练习”。他的练习方式就是使用“知识模型卡片”，他把非暴力沟通的4个关键步骤“观察”“感受”“需求”“请求”写在了一张卡片上。后来，每当领导批评他的时候，他都会看一会儿卡片来组织语言，从而避免和领导产生争执，效果出奇的好。

尤其是在家庭当中，每当家人出现争执的时候，他也会拿出卡片开始认真思考如何用“非暴力沟通”的表达方式做出回应，练习了一个月以后，他就不再需要使用卡片来提醒自己了。但是后来有一次他和4岁的孩子在看电视的时候发生了争执，在僵持不下时，孩子居然大声喊了一句：“爸爸，快去拿卡片!”

这世间不存在“不练功就能成功”的道理。拥有了一本“武林秘籍”，并不代表你能成为一名武林高手，毕竟现实生活不是武侠小说，我们不可能像令狐冲学独孤九剑、张无忌学乾坤大挪移那样，分分钟就天下无敌。我们只能勤用“知识模型卡片”去练习，让自己一步一个脚印地变成高手。

5.3 读书的永恒追求是身心合一

读书的目的是什么?

如果我们把看书的过程比喻成吃饭，那么读书就是把食物放进嘴里，思考就是再咀嚼，而练习应用就是在进行消化。最终食物被分解后，所有的营养都有效地融进了你的身体，与你合二为一，内化成你思想与行为的一部分时，读书的最终目的就达成了。而这也是刻意练习的最终目的。

事实上，一个人是否有真实有效的改变，关键还是看他的思维模式和行为本能是否得到了改变，因为一个人下意识的想法和行动，体现出来的才是最真实的自我。

在读书后的刻意练习中，如果想要有切实的改变，切忌贪多嚼不烂。真正的高手之所以厉害，往往不是因为会的招式多，而是他们能够把最基本的技巧练成自身的行为习惯，成为潜意识中的一部分。

这就像打羽毛球一样，据官方统计，羽毛球目前是世界上速度最快的球类运动，专业的羽毛球选手可以在比赛中打出110米/秒的超高球速，这速度甚至比F1赛车的速度还要快。这意味着专业的羽毛球选手常常需要在0.2秒的时间里做出一系列的反应——判断、走位、挥拍、击球，一切行动一气呵成，同时还要争取赢得分数。

而新手在打球时，满脑子都是“球拍要伸到什么位置?”“手要弯到什么角度?”“用正手击球还是反手击球?”，新手总在思考的事情，常常是专业选手不必用意识去想的事情，因为专业运动员在训练中已经拆解训练过每个技术的细节，通过千锤百炼，把一个个技术细节都训练成了一种本能反应。

高手和新手的最大区别，就是高手可以调动更小的精力做出正确的行动。因此，在专业的比赛中，高手就可以用身体去打球，用头脑去思考大局，在关键时刻一击制胜，这就是刻意练习的力量。

所以说，要想把读书所学到的东西用上，就必须扎实地练习。我们在面临实际的问题时，局势只会比书中所描写的更混乱，往往是来不及思考，就必须要做出行动，而一个半生不熟的技巧，在关键时刻是用不出去的。

唯有把知识修炼成本能，就像在用自己的腿走路一样——心里一想，腿就自然而然地走了——达到这种状态，才是最完美的身心合一。

那么如何通过刻意练习的方式达到这种状态呢?

你可以在一段时间内，选择一个自己最需要掌握的技巧和知识，比如一个沟通技巧、一个思考模式或者一个读书方法，然后你把它记在自己的“知识模型卡片”上，每天携带。之后每当遇到需要应用的环境，就按照卡片上的方法调整行动，直到你养成了新的习惯，不再需要卡片提示时，再去更换下一张随身携带的卡片。总之要保证每次掌握新技巧时，都能够聚焦于一点，这样才更容练至身心合一的境界。

最后送给你《道德经》中的一句话：“上士闻道，勤而行之；中士闻道，若存若亡；下士闻道，大笑之，不笑不足以为道。”这句话的意思是，上等资质的人，学到了好的道理就会马上去行动；中等资质的人，学到了好的道理会如同若有若无一般，不一定会行动；下等资质的人，听到了好的道理还会去大笑。不被嘲笑，就不算是好的道理。在读书的路上，想成为什么样的人，只有我们自己能决定，希望每一位读者都能成为“勤而行之”的读书人。

本章总结

1. 学而不练，十年不变。

2. 从“知道”到“做到”，中间还有一个“练到”。

3. 学会“刻意练习”而不是“天真练习”，要有目的、有方法地专注练习才能改变自己。

4. 读书的永恒追求是要达到身心合一的状态。

Chapter 06

×

第六章

没时间读——制订合理的阅读计划，让阅读成为生活常态

关于读书，我经常听到这样的话：

“我最近实在是太忙了，没时间看书。”

“书单上的书早就买好了，但是一直没时间看。”

“等过段时间，我就开始读书。”

……

这些话听起来是不是很熟悉？总认为自己没时间读书，是一种常见的“症状”，绝大多数人都有，而“我很忙”“没时间”就是“患者们”最常用的口头禅。

仔细观察一下“忙”字的组成，它是由“心”和“亡”构成的。言外之意，**当一个人迷失了自己的心时，就会感觉到很忙，甚至会忙到没时间读书。**

一个人真的会忙到没时间看书吗？来看看商业大佬有没有忙到没时间读书吧。

微软创始人比尔·盖茨，他在度假时每周会阅读4到5本书，而在工作繁忙时，也会保证每周阅读1到2本书。比尔·盖茨曾说过：“突破人生局限最好的方式就是读书。”

“股神”沃伦·巴菲特，平均每天都会有五六个小时的阅读时间，而且他将自己的成功归因于读书。关于巴菲特读书之多这一点，他的合伙人查理·芒格曾经评价过：“我这辈子遇到的来自各行各业的聪明人，没有一个不每天阅读的——没有，一个都没有。而沃伦读书之多，可能会让你感到吃惊，他是一本长了两条腿的书。”

亚洲首富李嘉诚，他在刚入社会做学徒的时候，即使每天要工作10多个小时，他依然会在睡觉之前坚持读书。即便后来功成名就，李嘉诚也始终保持着读书的习惯。

……

这些商业大佬的工作是繁忙的，时间也是宝贵的，但是他们仍然会挤出时间去读书，这些现象足以说明一点："忙"就是一个借口，而不是一个事实。

鲁迅说过：**"时间就像海绵里的水，只要愿意挤，总还是有的。"**其实这个"挤"字，就是读书时间管理的关键，而那些能够"挤"出时间读书的人，都有3个共同的特点：

- 足够重视读书，认为读书的价值不亚于工作和赚钱；
- 有固定的阅读时间，进而养成了长期阅读的习惯；
- 善于规划时间，能够利用碎片化时间进行阅读。

如果能够做到以上3点，人人都能有充分的时间去读书。下面我们将分享做好读书时间管理的具体方法。

6.1 读书时间管理 1.0：重视阅读

6.1.1 时间四象限法则

管理好读书时间的首要因素是提升对读书的重视程度。

那些**总说自己没时间读书的人，往往不是真的没时间读书，而是真没把读书当回事儿**。他们经常会制造出一堆“合理的借口”，把读书这件事无限期地延后，而延后的结果，就是日后的一句“书到用时方恨少”。但是，**人生没有如果，只有后果和结果，凡事不能等到错过了再去后悔**。

所以说，规划读书的时间一定要趁早。而管理读书时间的第一步，是要先认识到读书的重要性，毕竟我们只会把时间交给自认为重要的事情。

怎样才能提升对读书的重视程度呢？关键是要学会从更加长远的角度去审视人生，去想自己希望成为什么样的人，并要为此付出什么样的努力。如果眼光局限，只看重眼前的事，就容易把大量的时间投入在低价值的事情上。如果想开阔自己的人生视野，可以通过学习“时间四象限法则”来改变自己对时间的认识。

“时间四象限法则”是时间管理中的一个重要理论，它把人生中的事情，按照“重要”和“紧急”这两个不同维度进行划分，最后分成了四个象限（见图6–1）。

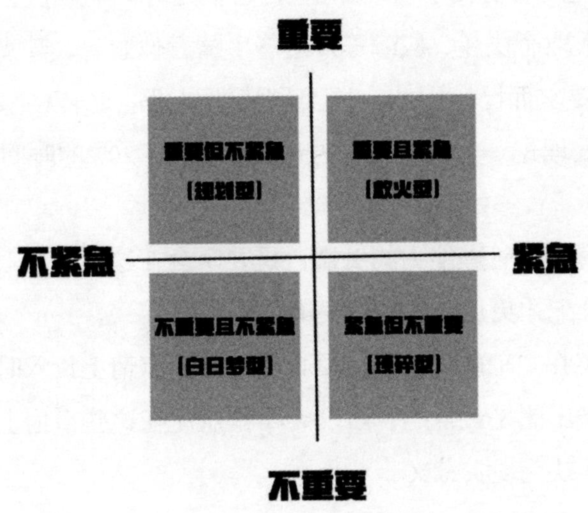

图6-1　时间四象限

第一象限：重要且紧急的事情

第一象限里的事情属于“救火型”，需要优先处理，不能拖延。比如，处理客户的投诉、去医院看病、为明天的项目方案做PPT等。一般而言，处理这一类的事情，占用人生20%～30%的时间是合理的。

第二象限：重要但不紧急的事情

第二象限里的事情属于“规划型”，大部分是人生中的要务，比如说，人生职业规划、产品研发、锻炼身体、陪伴家人、读书等。这一类事情平日看起来并不紧急，但却十分重要，所以需要给它们分配足够多的时间，并有计划地去完成。处理“规划型”的事情，占用人生50%～60%的时间是合理的。

第三象限：不重要不紧急的事情

第三象限里的事情属于“白日梦型”，它们是时间的“杀手”，极其浪费时间，如看言情小说、追剧、玩游戏等，这类事情并不具有现实意义。为了避免虚度人生，最好不要在这类事情上浪费时间。

第四象限：紧急但不重要的事情

第四象限里的事情属于“琐碎型”，它们是时间的陷阱，如朋友打麻将三缺一、帮别人取个快递、应酬等，这些事情看似紧急，其实不过是在满足别人的期望与要求而已。因此，这类事情要尽可能地转移出去，避免浪费自己的时间。处理这一类的事情，占用人生10%～20%的时间比较合理。

一个人提升时间管理能力的关键，是要学会在这四个象限里合理地分配时间，那怎样分配才更加合理呢？关键有两点：

第一，避免在“琐碎型”和“白日梦型”的事情上投入时间。这一类事情的时间投入产出比是最低的，所以要尽量避免在这些事情上纠缠，毕竟这些事情对你而言缺乏现实意义。

第二，在“规划型”的事情上，要尽可能多地投入时间经营，以避免“救火型”的事情出现。如果人生中“救火型”的事情太多，人就会活得焦头烂额，疲于奔波。要想避免这类事情的发生，就必须做好“规划型”的事情，一旦这类事情没做好，它就会逐步升级成“救火型”的事情，比方说，一个管理者如果很少花时间培养员工，他就会花更多的时间给员工“善后”；一个人如果很少花时间关注健康，那他就会花更多的时间去医院看病……总之，“规划型”的事情就是你人生中最重要的组成部分，但它们平时看起来一点也不紧急，只有等到最后一刻，才会引起人的重视。对于这一类的事件，一定要提前做好规划，然后按部就班地去完成，万不可懈怠。

所以说，真正“忙”的人，大多是因为“防火措施”没做好而引起的。那些原本应当做的事情如果没有及时做，拖到最后就会导致自己不得不每天忙于四处“救火”。而且越是忙于“救火”，就会越没时间做“防火措施”，结果陷入恶性循环，难以自拔。

然而读书不正是一件“规划型”的事情吗？它平日里看起来毫不急迫，但是等到需要用的时候，就是“书到用时方恨少”。

事实上，一个不懂得花时间读书的人，就必然会遇到更多的人生困惑，最后也会花更多的时间在原地打转。

常言道：“磨刀不误砍柴工。”其实书籍就犹如一块磨刀石，它可以打磨我们的思想，让我们的思想更锐利，此时再去做事，就会势如破竹、事半功倍。所以说，不要总是抱怨自己没时间读书，究其根本，不过是把时间用错了方向。

6.1.2　公平的时间与不公的人生

这个世界上有太多的事情都是不公平的，一个人从出生开始，就要面对大量的不公平，如你出生的家庭、出生的城市，甚至是你出生的国家，这些都会让你的起点与别人不一样。

然而这个世界有一样东西是绝对公平的，那就是我们所拥有的时间——每人每天都是24个小时，在这一点上，上天没有任何偏爱。

所以永远不要抱怨自己的时间不够用，我们所拥有的时间和达·芬奇、爱因斯坦、米开朗琪罗、孔子、王阳明等所有人都是一样的，面对同样的时间长度，有人虚度了年华，有人辉煌了人生，这其中差别，就是时间投入的不同。

希望你不要再用“太忙了”“没时间”等这样的借口去推脱读书这件事。如果你想成为一个更有效率的人，就把更多的时间留给读书。千万不要等若干年后回首人生时才意识到，读书才是岁月里最有价值的事情。要记住，**我们使用时间的方式，就是我们塑造自己的方式**。时间这位公正的裁判，会一直给你最真实的反馈，**因为你的现在，就是你过去的总和**。

6.2 读书时间管理2.0：定时阅读

6.2.1 为什么你的读书计划总会失败

在上一节中，我们共同明确了一点——时间管理的关键是要规划好“重要但不紧急”的事情，而读书恰好是这样的一件事情。

那么读书时间该如何具体管理呢？

关键是把读书的时间落实到每天的日程上，注意，是你每天具体的日程上，而不仅仅是定一个空泛的读书目标。

曾在网上看到过这样的一句话：“2018年快结束了，你准备在2017年完成的2016年的目标，现在开始做了吗？”这句话仔细一品，会感觉非常好笑，但这的确是一个事实。

很多人之所以没能实现自己制订的计划，往往并不是因为自己的行动力不足，而是他们认可并采取的策略有问题。一般情况下，我们会有以下常见问题：

第一，制定“超人”目标。大多数人在制定目标时，会自己脑补目标完成时的美好场景，而且越想越兴奋。此时，稍微一冲动，就会给自己定下一个不符合实际的“超人”目标，最后自己根本无法完成。

第二，因压力而拖延。设定“错误的目标”往往会给自己增添一些不必要的压力，而人在面对压力时，会更愿意去做一些相对轻松的事情，于是我们就会在行动上产生拖延，结果计划一拖再拖。

第三，容易被突发事件干扰。事实上，计划终归只是一个计划，当生活中发生了计划以外的事情时，我们总会不自觉地推迟计划，去做别的事情。结果就导致自己设定的目标“明日复明日”，然而“明日何其多”？

总的来说，单纯地定读书目标和列书单，都不是最有效的读书时间管理方式。当设定的目标太难或者太过空泛时，人就难以持续展开行动。而最有效的读书时间管理方式，其实是把读书这件事情细化并具体到每天的日程上，而且难度要适宜。当我们以“天”为单位来管理读书时间时，就能清晰地看到当天的行动目标，避免自己总憧憬未来而错过了当下。

读书不是一时的事情，而是一辈子的事情。所以读书时间管理的重点是要实现细水长流，让自己日日精进。最终能够培养出读书习惯才是关键。那么该如何把读书这件事情落实到日程上呢？下面介绍一种很简单的读书时间管理理念——“EB读书时间管理法”。

6.2.2　EB 读书时间管理法

EB读书时间管理法能够帮助读者有计划地去管理自己一天中最不容易被干扰的读书时间，从而让自己养成一个定时阅读的习惯。一共只有两个时间段，分别是：

清晨时间

睡前时间

这两个时间段的可控性极强，无论你是上班族还是创业者，只要你想去读书，这两个时间都是你最佳的选择。

下面具体说一说这两个时间段都有什么好处。

1. 清晨时间

利用清晨的时间读书，会有很多意想不到的好处，比如说：

- 清晨头脑清醒，读书的记忆效果更好；
- 清晨更宁静，读书时会更专注；
- 清晨完成读书任务，会让人一天都充满自信；
- 清晨读书能够促进早起，可以延长你一天的可用时间；
- 清晨读书可以激活大脑，让思维更加活跃；
- 清晨时间的可控性强，只要早起，就能保证有时间读书。

所以说，清晨读书绝对是一件性价比超高的事情。当然，清晨读书还面临着一项挑战，就是早起的问题。如果你感觉早起很困难，建议你读一读哈尔·埃尔罗德的《早起的奇迹》，这本书里藏有早晨八点前改变人生的秘密。

运用这本书里的理念和方法，能使人爱上早起。我读了这本书后，就开始坚持每天清晨六点起床，然后进行晨跑、读书、写作和冥想。早起这一行动确实改变了我的人生节奏，为我带来了巨大的好处，无形之中帮我完成了许多事情。

相信这本书也一定能够帮助到你。

2. 睡前时间

睡前读书又有什么好处呢？有以下几点总结：

- 睡前阅读记忆效果更佳，睡眠时大脑会自动整理睡前的记忆；

- 夜晚时间心更静，读书更容易专注；
- 睡前读书会令人感到内心充实，感觉一天过得很有价值；
- 睡前读书可以避免玩手机，能提升睡眠质量；
- 睡前时间可控性强，很容易培养读书习惯。

睡前时间是EB读书时间管理法中可控性最强的时间段，如果你刚开始准备培养阅读习惯，那么睡前时间会是你最好的选择。因为夜晚时间很宁静，可以保证你受到的干扰最小，更重要的是，睡前阅读还有助于记忆。

实际上，“清晨时间”和“睡前时间”是可以二选一的，因为每个人在不同时段的状态是不一样的。大体上能分为“晨型人”和“夜型人”，“晨型人”早晨精力充沛，但晚间精力不足；“夜型人”晚上精力十足，但清晨却迷迷糊糊。所以你需要根据自身的情况，作出有倾向性的安排。

总之，利用好EB读书时间管理法，把一早一晚的读书时间固定下来并坚持下去，这样你就能养成良好的阅读习惯。

日积月累，你就会发现自己在不知不觉中读了大量的书。

6.2.3　轻量级阅读法

现在还有一个问题摆在我们面前，就是早上和晚上要用多长时间读书比较合适？有的人会认为30分钟比较好，也有人会说1小时比较好，但实际上，这并没有什么明确的标准，只能因人而异。

然而在实践中我却发现，起初就把读书时间定在30分钟以上，几乎很难能坚持下来。

据研究表明，人们会习惯性地高估自己的自控能力，然后给自己设定比较高的目标。在开始决定培养读书习惯时，多数人都是满怀雄心壮志，恨不得每天早晚各读1小时书，然而结果大多是折戟沉沙。当设定的目标难度比较大时，人会因压力较大而产生焦虑感，开始变得心浮气躁，结果导致自己看不进去书；有时甚至想逃避这个计划，不愿意开始去做。

我们可以给自己定高目标，但是如果不去做，那么再大的决心也是没有意义的。而且脱离实际的决心还会有损自信心，当人再次面对这件事情时，会产生一股莫名的心理压力。

可以说，每一次读书计划的半途而废，都是一次输的体验，这会导致一个人逐渐讨厌读书。因为一想到要读书，就会条件反射式地认为自己完不成任务，便不想再做尝试了。

这就好像是一个人很久没去健身，今天突然想去了，为了对得起自己今天要去健身的决定，就想好好运动一次，要“放飞自我”地使劲锻炼，结果呢？不仅目标没达成，还会累得浑身酸疼，之后就开始进入长期的“静养”阶段，充分做到了“一年动两次，一次休半年”。

荀子在《劝学》中说：“骐骥一跃，不能十步；驽马十驾，功在不舍。”某一天内做很多，不如每一天做一点儿的影响力大。如果读书对你而言有一定的难度，那么建议你从“轻量级阅读”开始。

轻量级阅读的标准是每次只读5分钟，按照EB读书时间管理法来看，你只需要早、晚各阅读5分钟即可，这是一个微小到无法失败的挑战。如果你给自己定的读书任务是每天早晚各读5分钟，你不仅能够保证完成任务，你甚至会经常超量地完成任务。而每一次完成任务，你都会有一种赢的体验，此时你的大脑还会开始分泌多巴胺，让你感觉到愉悦和兴奋。这一系列的生理、心理反应，都会促使你下一次更加轻松地进入阅读状态。

其实我们大脑的状态很像电流，电流会自动选择阻力最小的路径去移动，而我们的大脑也偏爱困难最小的行动去执行。我们可以用一个小互动来理解一下：现在，请你尝试用舌头舔一下自己的鼻子，看你能不能碰到它。

……

好了，你完成了吗？

事实上，这件事并没什么意义，但很多人还是会下意识地尝试一下，为什么呢？因为这个行动足够简单，只要一件事情的难度系数足够低，我们就容易付出行动。就如《周易》中所言：“**易则易知，简则易从。**”越简单，就越容易跟从、行动。

为了能让自己坚持读书，请你尽量降低读书时的任务难度，仅凭一时的冲动就妄想“一口吃个胖子”，这不仅不能解决问题，反而会有损自信心。

其实人往往会高估自己1年能做成的事情，而低估自己10年内能做的事情。假设你每天的成长系数是“1”，也就是原地不动，持续1年过后的结果就是1^{365}=1。但是如果你每天多努力一点点，把成长系数提升到“1.01”，一年之后，就会得到一个惊人的成长结果——1.01^{365}=37.7834343329，虽然只是多努力了一点点，但结果相差巨大。

常言道：“勤学如春起之苗，不见其增，日有所长；辍学如磨刀之石，不见其损，日有所亏”。不要小看每天多一点进步，日积月累，你就会拥有巨大的收获。

在读书的道路上，希望你把自己当成“新手”一样去慢慢培养，每天只读书两次，每次各5分钟，其实这一点也不难。

想象一下，如果你在10年前就坚持这个习惯，你现在会多出多少阅读时间？——足足有36500分钟，如果按照300字每分钟的阅读速度计算，你现在会多读10950000字的内容，这就相当于110本10万字的书。如果你的大脑现在多装进去了110本书，那你的人生该会有怎样的不同？

人们常说种一棵树最好的时间，一个是10年前，一个是现在。然而10年前是回不去了，所以我们只能从现在开始。过程中走得慢不要紧，关键是要一直走。林肯曾说：“虽然我走得很慢，但我从不会后退。”这不就是人生成功的秘诀吗？而这也是读书的关键要素。

最后嘱托一句，新手上路，请对自己宽容一些。请坚持用轻量级阅读来培养你的读书习惯，只要你开始行动，便有机会做得更多；当行动成为习惯时，你会在不知不觉中达成曾经觉得可望而不可即的目标。

点滴积累，犹如星星之火，可以燎原。

6.3　读书时间管理 3.0：碎片化时间管理

6.3.1　时代特点：时间碎片化

在信息爆炸的时代里，与“碎片化”相关的言论随处可见，诸如，碎片化信息、碎片化时间、碎片化阅读、碎片化写作、碎片化知识等。由此可见，碎片化已经成为当今时代的一大特征。

尤其是时间的碎片化，它让我们在不经意中流失了大量的时间。手机上的社交、资讯、娱乐、短视频、游戏等各类App，都在争先恐后地撕碎人们的时间。

互联网时代，就是一个“永远在线，随时干扰”的时代，我们无法避免。面对时代的变化，我们能做的就是顺势而为，因此要想尽一切办法将碎片化时间利用起来，把原本浪费掉的时间转化成优质的读书时间，变废为宝才是关键。

6.3.2 碎片化时间的阅读策略——“闪电战读书法”

是否会利用碎片化时间读书，是一个人从“读书新手”走向“读书高手”的重要标志。如何有效利用碎片化时间呢？有一项关键技巧叫作“闪电战读书法”，它可以帮助我们在生活的间隙随时进入读书状态，可以说“短平快”就是“闪电战读书法”的精髓。

以下是在碎片化时间里使用“闪电战读书法”的5个关键事项。

1. 出门随身带书

一定要养成出门时携带一本书的好习惯，因为碎片化时间总是不期而遇，它可能是一次等人的时间，也可能是一次飞机延误等待的时间，所以随身带书可以保证我们在遇到碎片化时间时，都有书可读。这不仅能够让我们充分地利用碎片化时间，还能使我们保持淡定的心态。

在这里不得不提一个人——查理·芒格，他是美国著名的投资家，是沃伦·巴菲特的黄金搭档，更是投资神话的缔造者。他身上有一件事情很值得分享，有一次查理·芒格去赶飞机，因为安检耽误了时间，导致芒格错过了自己的航班。没想到芒格一点也没有生气或者着急，反倒是安心地在候机厅坐了下来，拿出一本书开始阅读。他说：“无论什么时候，只要手里有一本书，我就不会觉得浪费时间。”

这就是善于利用碎片化时间的典范，善于利用碎片化时间读书的人，不仅心境平和，而且能使自己的人生永远处在学习中。

带书出门的习惯，早已成为我生命中的一部分，不论是日常工作、外出上课还是到远方旅行，我至少会在包里放一本书，只要有书在，心里就会觉得很踏实，无论是排队时间久了，还是约的人来晚了，抑或是飞机延误了，我总是能气定神闲地在那儿慢慢等待。

碎片化时间就是一天中的礼物，因为它让我们在繁忙中又多一份属于自己的宁静。就像托马斯·弗里德曼在《谢谢你迟到》里所说的：“我‘找到’了几分钟的时间，不干别的，就是坐下思考。”

所以，出门前一定要带好三样东西：第一，是家门的钥匙，这是归宿；第二，是满电的手机，这是保障；第三，是自己想看的书，这是心灵。

2. 目的性要强

“闪电战读书法”需要配以一定的目的性，因为你的目的性越强，整合碎片化时间就会越有效率，而且还可以使自己变得更加专注。

在我组织读书会活动时，会给学员们每周讲解一本书。而讲书的准备工作都是利用碎片化时间完成的，虽然每周的时间都很紧迫，但由于有极强的目的性，使得我对碎片化时间变得更加敏感，因此会争取一切可利用的碎片化时间去读书。所以在每次讲书之前，我都能够把内容有效地准备出来。

所以说，要想利用碎片化时间读书，必须要设定一个明确的目标，这样你才会有动力去打“闪电战”。那么设定些什么目标好呢？比如说：

- 过两天，我要把这本书讲给×××听。
- 这本书很不错，我一定要在3天内看完。
- 这本书能解决我的一个重要困惑，我需要在今天之内找到答案。

只要你带着一点点压力或者目标去读书，你就会发现，其实碎片化的时间无处不在。

3. 管理可预见的碎片化时间

现实中，不是每一次碎片化时间都不可预测，其实有一些碎片化时间是可以提前规划的，比如说：

● 交通等候时间：乘坐高铁、飞机之类的交通工具，一般情况下都会提前赶到。而且在上车或登机之前都需要较长的排队时间，这时候很适合静心看一会儿书。同时乘车、乘机的过程中也是非常适合读书的，因为这些时间不仅相对较长，而且不易被打扰。要注意交通工具是否平稳。并不建议在公交车上看书，因为经常晃动会对视力损伤较大。

● 办事等候时间：如去各种营业厅办业务、接孩子上下学等。这类等候时间一般都特别无聊，而且有的时间还很长。此时不必烦躁，看一会儿书肯定比玩手机更有意义。

● 养车时间：随着经济条件的改善，越来越多的人成了“有车一族”，有车就需要养车，如洗车的时间、给车做保养的时间等，这些都是很充足的读书时间。

实际上，生活中碎片化的时间只会比我们想到的要多，仔细留心，你一定会找到更多属于自己的碎片化读书时间。

4. 创造碎片化的时间

《穷查理宝典》中讲述了一个查理·芒格的经典故事，很有意思，原文是这样记录的：

查理喜欢与人早餐约会，时间通常是七点半。记得第一次与查理吃早餐时，我准时赶到，发现查理已经坐在那里把当天的报纸都看完了。虽然离七点半还差几分钟，但让一位德高望重的老人等我令我心里很不好受。第二次约会，我大约提前了一刻钟到达，发现查理还是已经坐在那里看报纸了。到第三次约会，我提前半小时到达，结果查理还是在那里看报纸，仿佛他从未离开过那个座位，终年守候。直到第四次，我狠狠心提前一个钟头到达，六点半坐在那里等候，到六点四十五的时候，查理慢悠悠地走进来了，手里拿着一摞报纸，头也不抬地坐下，完全没有注意到我的存在。以后我逐渐了解，查理与人约会一定早到。到了以后也不浪费时间，会拿出准备好的报纸翻阅。

查理·芒格的这种方法确实很有趣，所以我们也不妨试试，当我们在约别人见面的时候，可以早一点儿到，也不必提前一个小时这么多，能提前半个小时就好，然后在那静静地享受一会儿读书的时间。

5. 避免错误的碎片化时间管理

虽然“闪电战读书法”一直在强调利用碎片化时间读书，但并不是每一个碎片化时间都适合拿来读书，尤其是交叉作业的时间。我听说过很多碎片化时间的利用方法，但是有两点我并不建议采纳。

第一，不建议坐在马桶上读书。因为这并不是一个有益的读书习惯。一般来讲，在卫生间方便时，应该力争在5分钟之内解决“战斗”，所以，从时间上来看，这么短的时间并不适合读书。而且科学验证，如厕阅读的习惯很容易引发便秘和痔疮等问题，而且养成习惯后，还不易调整。

第二，不建议泡澡时间读书。其实这也是个没必要争抢的碎片化时间。首先，洗澡毕竟是洗澡，难道手还能不沾水吗？那沾水后就很容易把书弄湿，处理起来很不方便。其次，我们不能每天都活得紧绷绷的，洗澡应该是一个人放松的时间，劳逸结合才能让人生更有生产力。所以说，凡事过犹不及，碎片化时间的管理一定要科学。

以上就是关于“闪电战读书法”的5个关键事项。如果能充分利用好碎片化的时间，你一定会成为利用碎片化时间中的赢家，虽然这些碎片化时间不能让你在一年中有什么质的飞跃，但日积月累后的成长是可观的，这才是对时间管理的终极追求。

当你踏上这条不断自我精进的道路时，希望不要半途而废，常言道：“学如逆水行舟，不进则退；心似平原走马，易放难追。”好习惯是很难养成的，但是好习惯一旦养成，你将受益终身。

读书时，你可以有无数个理由半途而废，但只要有一个理由能让你坚持去做，那么你就应该坚定地做下去。

本章总结

1. 掌握时间四象限法则的时间管理思维，可以增强自己对读书的重视程度。

2. 时间四象限法则把事情分4类，我们要在“规划型”的事情上多投入时间，而读书恰恰是一件“规划型”的事情，需要我们提前安排好时间。

3. EB读书时间管理法：养成阅读习惯的两个最佳时间段分别是“清晨”和“睡前”。

4. 养成轻量级阅读的习惯，从而减少读书前的压力，做到持续阅读。

5. “闪电战读书法”的5个关键事项分别为“出门带书”“目的性要强”“管理可预见的碎片化时间”“创造碎片化时间”“避免错误的碎片化时间管理”。

Chapter 07

×

第七章

ITO 读书法，引爆你的阅读力

到目前为止，我们已经解析了读书中存在的6大问题——不爱读书、读不进去、读书太慢、读完就忘、读完不用、没时间读。同时也分享了相对应的解决方法。

下一步，为了在读书上百尺竿头，更进一步，我们需要再学习一套更加系统的阅读技巧——ITO读书法。这是一套系统的读书学习模型，它可以帮助读者从三维立体的角度去审视阅读，并在技巧上真正地帮助我们引爆阅读力。

ITO读书法的结构很简单，它把读书的过程分成了3个阶段。

阅读输入阶段：I=input

深化思考阶段：T=thinking

内容输出阶段：O=output

输入、思考、输出这3个阶段相辅相成、循环往复，共同搭建起了一个完整的读书体系，形成了学习的闭环。从某种意义上来讲，它不只是一套读书方法，更是一种自我成长的手段。

7.1 I：input 阅读输入阶段

ITO读书法的第一阶段是阅读输入阶段，也是我们读书的第一步，属于最基础的部分。但是如何更好、更快、更准确地捕捉到书中的重点知识呢？这就需要我们掌握更多有效的阅读输入技巧了。接下来我们将学习三种新的读书方法。

7.1.1 观其大略读书法

陈寿在《三国志·诸葛亮传》中写道："亮在荆州，以建安初与颍川石广元、徐元直、汝南孟公威等俱游学，三人务于精熟，而亮独观其大略。"

其实这句话就是在表扬诸葛亮很会读书，而他独特的读书方法是"观其大略"。所谓的观其大略，是指读书时要懂得宏观把控，有俯瞰全局的能力，要善于抓住书中的关键信息，懂得取舍轻重、取己所需。

换言之，在读书时不必拘泥于细枝末节，也不必追求字字精读，而是求其精义、得其神韵。

下面具体说一下观其大略的读书步骤。

第一步，略读全书

在看一本新书之前，先快速地翻阅全书，把书从头到尾翻阅一遍，注意，是一页接一页地持续往下翻，要保证自己的目光能把每一页都扫视到，速度要快，每一页大约用1到2秒即可，翻阅全书的整体时间不要超过5分钟，此时保持高度专注，一次性翻完整本书。

你可能会想，这样快速翻阅也看不清楚，有用吗？其实在快速翻阅的过程中，你虽然无法看清书上所有的内容，但是整本书的章节脉络、标题信息以及重点内容，都会以影像式的形式储存进你的大脑，甚至一定程度上会渗透到你的潜意识里，此时再开始进行深度阅读，会对书有一种明显的熟悉感。

生活中你一定会有一种奇怪的感受，偶尔会对一些场景感到似曾相识，这其实是因为我们在无意识中储存过类似的画面。

同理，当你略读全书以后，原来一本陌生而神秘的书，就变得“熟悉”起来，当你正式阅读的时候，会产生似曾相识的感觉，这会让你在阅读中产生一些兴奋感。

注意，在略读全书的过程中，你也要有一些侧重点，因为书中的一部分关键内容会像路标一样，给你带来极强的指引性，比如说下面这些内容：

- 文章序言：这一部分往往是作者的核心观点，通常会交代写作目的、写作背景以及能帮助读者解决的问题。
- 图片和表格：图片和表格往往是作者想充分表达的关键信息。
- 加黑、加粗的句子：这些都是作者想突出的重点。
- 数据标识：这些是作者的思想依据，而且数据的识别性强，可以帮助读者快速理解内容。
- 章节总结：如果一本书在每章结束的地方都有总结，就多看一眼，它可以帮你快速把握章节重点。

- 结语：最后的结语是作者对本书的评价和具参考性的相关书籍，有助于读者全面了解一本书。

略读时关注以上要点，可以帮助我们快速地明确书籍的写作风格以及作者希望解决的问题，为之后的阅读打下结实的基础。

略读全书的过程，就如同和书进行了一场“相亲”，刚一见面的时候，话题不能立即深入，只能在整体上先对其有个大致了解，目的是要确定是不是自己喜欢的类型，如果是的话，就继续往下看，如果不是，你也不必纠结，可以尽快换下一本书。

第二步，精读目录

细心之人会发现，在略读全书中并没有提到目录，之所以没写，并不是它不重要，相反，它非常重要，重要到需要单独来讲。

在读一本新书之前，我们对书中的内容一无所知，此时就像一名游客第一次走进迪士尼乐园，会有一些兴奋，还会有一些迷茫。由于整个乐园非常大，游客根本不知道该往哪儿走，也不知道哪儿有好玩的。此时游客最需要的就是一张详细的地图，通过地图，游客可以知道自己在什么位置，更重要的是可以了解整个游乐园的布局和娱乐项目，之后才能判断下一步的行动。

读书也是一样，每一个读者都需要一份详细的读书地图，去把握一本书的结构层次，了解书的全貌，这样在阅读时就能做到胸有成竹了。然而很多人在读书时并不注重看目录，这样便失去了对整本书的把控力。其实读者对一本书目录的理解程度，等于他对整本书结构了解的清晰程度，对目录理解得越透彻，捕捉重点就会越高效。

读一本新书之前，可以把目录画成一张简单的思维导图，目的是把全书的逻辑结构吃透，这样更有助于读者把握全书。关于如何绘制思维导图，后面会有章节进行具体的讲解。

正所谓“不识庐山真面目，只缘身在此山中”，当我们看一本新书时，不要急于从第一页开始进行“地毯式”的阅读，而要通过观其大略的读书方式，让自己跳出细节去把握全局，从而提升自身的阅读效率。长期使用观其大略读书法，能更好地锻炼逻辑思维能力，还能养成事事把握全局的习惯，一举两得。

7.1.2 把书当作笔记本使用

许多人在读书时，时常会感觉到大脑中茫然一片，不知道该怎样抓重点，看过的书普遍很干净，丝毫没有被读过的“痕迹”。当然，也有人是为了保持书面干净而不做勾画，但这并不是一个很好的读书习惯。

善于读书的人，他们的书都会有一些“乱”，因为他们会习惯性地把书当成笔记本去使用，并根据自己的思考结果在书上做出重点标记，同时还会在空白的位置上写满自己的见解。所以这些人往往一张嘴就能说出书中某一页的重点，甚至是某一句话，可见记忆之深刻，理解之具体。

千万不要以为在书上勾画是对书的不尊重，边读书边做标注，是为了放大一本书的价值，它能帮助你更好地与作者交流，清晰地发现你们之间的共鸣点，同时还能把交流后的思考与理解统统记录下来。

甚至有的作者会认为，一本书要由作者和读者来共同完成，作者只是先写了一部分，而读者需要根据自己读书时的思考结果去完善剩下的部分，最终通过两个人的共同努力，使一本书真正地被“完成”。

柳井正的《经营者养成笔记》就是这样的一本书，在这本书中，正文的四周都是大量的留白，方便读者随时做笔记，而且作者还强调读者最好“尽情勾画、尽情书写”（见图7-1）。

图7-1 读书笔记

所以说，读书时一定要多做标注、多写笔记，把读书的过程当成和作者的一次文字对话，最终让我们读过的书都成为这个世界上独一无二的“孤本”。

那具体该如何做呢？接下来为你提供5个关键点。

1. 用横线画出共鸣点

用横线画出所有共鸣的地方，它可以是一个知识点、一个深刻的道理，或者一句富有哲理的话等。所有能让你感觉到“有用”的地方，就用横线画下来。同时，你还可以在空白处写下画线的理由，以促进自己的思考。

2. 圈出关键词

句子和段落是不容易被记住的，但是关键词却很好记，而且作者在写每一个章节时，都是由关键词来展开的，所以找到每个章节当中的关键词并把它明确地标注出来，这就等于捕捉到了作者思想的中心点。

3. 用荧光笔“敲重点”

书中的重点标注好之后，再将书从头到尾翻阅一遍，此时主要是再看一遍之前画线的位置，如果在第二遍阅读时仍感觉这段内容有很高的价值，就用荧光笔再次标注一下。此时书中最精华的部分就已经一览无余了，日后再次回顾这本书时，就没必要把整本书再重新看一遍，直奔重点回顾就好了。

4. 写感悟

读到某一处时，如果产生了联想，或者想通了一些事情，那就在附近空白处记录下来。不必考虑写的东西是否深刻或高大上，只要是自己大脑中浮现出来的想法就随时记录下来，养成习惯，慢慢自己的感悟就会越来越多，而且越来越优质。

5. 使用便签

如果你在读书时看到了有价值的信息，或者看到了很实用的技巧方法，同时感觉以后应该能得用上，那就在这一页贴上便签，并在便签上标注关键词，以方便日后查阅，其实贴便签就是为了把书当成搜索工具去用（见图7–2）。

图7-2　便签

做完以上5个步骤以后，整本书的重点就会逐渐清晰起来，就如同被X光透视过了一般，能一眼看到全部的重点。

其实读书的过程，就如同雕刻，一本好书就是一块璞玉，而我们写下的每一笔，都是“雕刻”的痕迹。当我们使用以上方法读完一本书，就等于把一本书“雕刻”成自己的样子，此时书与我们合二为一了，到了这个阶段，我们就形成了自己的读书风格。

7.1.3 “弹头式”读书笔记

当你把书当笔记本一样去使用时，读完的书肯定会被画满了重点、写满了批注。虽然留下了思考的痕迹，但是依然会面临一个问题，就是自己写过和画过的内容，还是记不住！

为了更好地将书中内容装进自己的脑子里，我们需要学会在读书时进行“断舍离”，尽量减少你想记住的内容。当你想记得越少，才能记得越好。因此，你最好让读书时的收获像一颗被打出去的子弹——有穿透力。为了达到这种效果，建议你学习写一种“弹头式”读书笔记。

“弹头式”读书笔记分为两类，一类是“金句”，另一类是“启发点”，下面详细分析两类笔记的使用方式。

“弹头式”笔记一：金句

顾名思义，在读书的过程中要养成记金句的习惯。不仅仅是把书中的金句摘录下来，而是要记在脑子里。

首先，如何判断一句话是不是金句呢？当你读到书中某一句话时，如果产生了“拍案叫绝”的冲动，那这句话肯定是金句了。总之，书中那些能量密度最高的、最能打动你的语言都属于金句。

为什么要记金句呢？我们来看一下记金句的好处：

- 金句是书中的“画龙点睛”之笔，记住了金句，就记住了一本书的灵魂；

- 多记金句，可以提升我们的语言水平，避免言语乏味；
- 经常品读并记诵金句，可以提升自身的语言审美水平；
- 经常研习金句，可以深刻地体会语言凝练的艺术与价值；
- 金句具有较强的思想性，可以帮助我们掌握更多的经典的智慧。

其次，在众多金句当中，我们应该记多少个比较合适呢？事实上，你想记的越多，往往记住的就会越少。其实在一本书中，你能够记住一个金句就很好了。当你只偏爱其中一句时，你才能保证自己记得长久。因为偏爱，所以例外。

最后，在“茫茫金句海”中，我们应该挑选哪一句来记呢？当你把书读完以后，需要再把整本书从头到尾回顾一遍，此时把所有你画线的金句筛选一遍，筛选的目标只有一个，就是要给这本书整理出“十大金句排行榜”。

选好之后，再进行深度的“断舍离”，从这十句当中，一句一句地进行删减，直到剩下最后一句为止。剩下来的这句话，就是你必须要记下来的金句。

注意，“断舍离”的这个过程十分重要，因为在挑选时我们会仔细思考每一句话的价值，而最后能被保留下来的金句，一定有你自己独特的理由，或者是某种独特的理解，它一定是你结合了自身经历的产物。同时，由于这个金句是从十几万字甚至是几十万字的著作中“杀出重围”的，你也一定会格外地珍惜它，所以背下来的概率会被极大地提升。

当你选好之后，就把这句话摘录在书的首页。这就如同把这一枚“弹头”打在了第一页上，然后我们再随时背诵，直到娴熟为止。

日后，无论你在写作中、演讲中，还是日常聊天中，这些话都能为你增色不少，而且这些话也会随着你自身经历的丰富而变得更加深刻。

下面为你列举几本常见畅销书中我所保留的金句，供你启发。

《小王子》：“看东西只有用心才能看得清楚。重要的东西用眼睛是看不见的。”

《瓦尔登湖》：“多余的财富只能买到多余的东西。人的灵魂必需的东西，是无须花钱也能买到的。”

《目送》：“我慢慢地、慢慢地了解到，所谓父女母子一场，只不过意味着，你和他的缘分就是今生今世不断地在目送他的背影渐行渐远。你站立在小路的这一端，看着他逐渐消失在小路转弯的地方，而且，他用背影默默告诉你：不必追。”

《明朝那些事儿》：“所有的错误，我们都知道，然而终究改不掉。能改的，叫作缺点，不能改的，叫作弱点。”

《商业的本质》：“在你成为领导者之前，成功的全部就是自我成长；当你成了领导者，成功的全部就变成帮助他人成长。”

《冲突》：“三流营销：发现冲突；二流营销：解决冲突；一流营销：制造冲突。”

《故事课》：“凡套路都是三流的，那为什么还要学套路？因为你目前还不入流，所以要运用套路，让你在短短的几十分钟之内，就从不入流，变成三流，从不入流到三流，不用花太多时间。从三流变成一流，才值得你花大把大把的时间。”

《穷查理宝典》：“如果你们只是记得一些孤立的事物，试图把它们硬凑起来，那么你们无法真正地理解任何东西。如果这些事物不在一个理论框架中相互联系，你们就无法把它们派上用场。”

《高效能人士的七个习惯》：“要改变现状，首先要改变自己；要改变自己，先要改变我们对问题的看法。”

如果每读完一本书，你都能牢牢记住其中一句最经典的话，那么日积月累后，你必将会成为一个满腹经纶之人，然后做到“随心所欲都是经典，信手拈来都是智慧”。

这就是“弹头式”笔记中记金句的价值。

“弹头式”笔记二：启发点

读者在读书时，通过书中的内容产生了新的想法，或者想明白了某些事情，就属于遇到了启发点。

而捕捉启发点的最好方式，就是去感受自己内心真实的反应。当你在读书时产生了“啊哈”“原来如此”“豁然开朗”之类的感觉时，就是受到了启发，此时我们要把这些启发点记录下来。

然而我们会发现这样的问题，曾经你画下来或者标记过的启发点，过一段时间以后，就会变得模糊不清，回忆时倍感大脑中空空如也。而我们之所以会忘，也是因为当时“贪心”了，希望把这些内容都记一记。

正所谓“弱水三千，只取一瓢饮”。关于记启发点，你最好也只记一点，此处跟金句同理，切忌“贪多嚼不烂”。

那我们该怎么做呢？

首先，把读完的书回顾一遍，在标记过的启发点中进行筛选，此时还是要列出一个“十大启发点排行榜”。榜单出来以后，你再进行深度的“断舍离”，一个一个地进行删除，最后留下一个你认为最有价值的启发点即可。

此时，你再对这一启发点进行深度的分析和思考，并展开理解，得出你受到启发的根本原因是什么。最后把它摘录在书的首页上，以便随时回顾。

我在读稻盛和夫的《干法》时，就提炼了10个启发点：

1. 感动给人注入新动力。
2. 极度认真地工作能扭转人生。
3. 成为“自燃型”的人。
4. 首先“必须得想”。
5. 勇于在漩涡中心工作。
6. 能力要用“将来进行时”。

7. 苦难和成功都是考验。

8. 严酷锻炼人。

9. 人生 · 工作的结果=思维方式×热情×能力。

10. 抓住一切机会磨炼“敏锐度”。

由于每个人的人生经历与知识背景都不同，所以在筛选启发点时必然会存在着许多差异。我在筛选《干法》这本书的启发点时，最后就选择了“首先‘必须得想’”。书中这一点所讲述的是稻盛和夫去听“经营之神”松下幸之助讲座的事情。

当时松下幸之助讲到了“水库式经营”，他告诉现场的企业经营者们，当财务上有余裕时，就要多储备资金，以备日后不时之需。现场很多人听完后，都感觉这一点太难了，根本做不到，企业怎么能做到有余裕呢？当时甚至有人提出了抗议。松下幸之助听到抗议后说道：“不，你不这样想可不行。”言外之意就是，只要方向正确，不管多难，你都需要先这样去想。如果你连想都不敢想，那就根本不会有实现的可能性。当时这一论述就启发到了坐在下面的稻盛和夫，而稻盛和夫也把这一启发点写到了自己的书中。

其实《干法》这本书里的都是很朴素的人生哲学，而我之所以会选择，是和我的性格有关系，因为很多时候我都是一个不太敢想的人，所以这一点对我的启发是最大的。而且我也是因为受到这一点的启发，才开始考虑去写一本自己的著作。以前我想到写书这件事时，脑子里会一瞬间蹦出来“不可能”三个字。但是受到“首先‘必须得想’”这个启发点的影响后，我才变得敢想了。

总的来说，一本书的启发点会有很多，相比于面面俱到地去记，不如只抓一点进行深刻的感悟，也许这会给你带来意想不到的价值。

“弹头式”读书笔记的关键，就是要学会聚焦于一点，要让书中有价值的内容，像子弹头一样尖锐，穿透我们的内心。

总而言之，吸收一本书的精华时最忌贪多，希望你每一次读完书后，都能如约进行一次“断舍离”，将筛选后的一个金句和一个启发点记在书的第一页上，成为你读完一本书后最为具体的收获。

最后，请你回忆一下曾经读过的书，有多少本书你还能回忆起其中的金句？又有多少本书你还能回忆起书中的启发点？希望你能够从眼前的这本书开始，试着去做“弹头式”读书笔记。

7.2 T：thinking 深化思考阶段

7.2.1 什么叫思考

在互联网时代，单独的碎片化信息非常容易获取，而且信息也越来越“傻瓜化”“简单化”，这就导致我们大脑中会储存大量零散且孤立的知识，如同一盘散乱的珠子。而思考的意义，就是把这些珠子串起来，形成一套系统的思维，让自己的大脑变得更有弹性和创造力。

关于思考，苏格拉底曾说：“未经思考的人生不值得一过。”

叔本华曾说：“光是不停地读书，过后却不深入思考的话，绝大部分知识都会流失，不会在精神中扎根。”

富兰克林曾说：“读书是易事，思索是难事，但两者缺一，便全无用处。”

古往今来的智者，都在不断地强调思考的价值，但始终令人解释不清的是，到底什么样的表现才算是思考呢？字典上给出的解释是：“思考是思维的一种探索活动。”其实所谓的思维探索活动，就是一个不断将各种信息关联在一起的过程，然后将大脑中的各种信息互相打通，彼此连接，从而形成一个网状的思维结构和更加系统的逻辑关系。

比如说，当我们在读一本书时，能否想到自己曾经读过的另一本有相似观点的书？再比如说，我们看了一个地方的地形地貌，能否关联到历史、人文、经济等方面？以上这些都是思考的一种具体体现。

具体如何进行这样的思考呢？下面为你提供了3种不同的思考方式，它们分别是：横向思考、纵向思考、深度思考。

通过这3种思考方式，我们就能找到清晰的思考维度，从而有效地锻炼自己的思考能力。

7.2.2　横向思考——举一反三式思维

知识不会孤立地存在，与之类似的结论还有哪些？围绕同一结论还有什么其它的论据和事实？同一个知识我们还能应用在哪些不同的地方？

横向思考需要在知识的周围建立起联系，为它们找到各种相通的观点和事实。其实横向思考就是一种举一反三的思维模式，它需要我们在知道一个新知识时，能够找到与其相似的知识，从而避免知识出现碎片化、孤立化的问题。

横向思考的能力常常是检验一个人学习能力的关键。比如说我们中国的至圣先师孔子，他弟子三千，在众多弟子当中孔老先生最为欣赏的弟子是谁呢？这个人就是颜回，孔子对颜回的学习能力评价非常高。

《论语》当中有这样一段话：

子谓子贡曰："女与回也孰愈？"对曰："赐也何敢望回？回也闻一以知十，赐也闻一以知二。"子曰："弗如也。吾与女弗如也。"

这段话的大致意思就是，孔子让子贡评价一下，他（子贡）和颜回相比，谁更优秀一些。其实子贡本身是一个智商极高的人，他不仅口才好，而且善于经商，非常有钱，但是当孔子让他和颜回比较时，他却说："我怎么能跟颜回相提并论呢，颜回学到一个道理，能联系到十件类似的事情上，而我学会一个道理，只能联系到两件类似的事情而已。"此时孔子又把话接了回去，说："比不上啊，我和你都比不上他啊。"

由此可见，孔子欣赏颜回的主要原因之一，就是源于他"举一反十"的思考能力，而这也正是我们所说的横向思考的表现。如何具体理解孔子眼中的这种横向思考呢？我们再用《论语》当中的另一段话做下解释：

子贡曰："贫而无谄，富而无骄，何如？"子曰："可也。未若贫而乐，富而好礼者也。"子贡曰："《诗》云：'如切如磋，如琢如磨'，其斯之谓与？"子曰："赐也，始可与言《诗》已矣，告诸往而知来者。"

当时子贡问孔子："一个人做到了贫穷而不谄媚，富贵而不骄横，怎么样？"孔子回答："挺好了，但是不如贫穷却能怡然自乐，富贵却能谦逊好礼。"其实孔子就是在变相告诉子贡，他的想法不错，但是还可以更好。此时子贡灵光一闪，说了一句："这不就是《诗经》中所说的，'如切如磋，如琢如磨'（持续打磨，精益求精）吗？"孔子给子贡的回答点了个赞，表扬他做到了"告诸往而知来者"。意思就是我跟你讲了一个道理，你在理解的同时还能联系到其它学过的知识进行思考，这一点做得非常好。

事实上，当我们能够把各种相同的知识、观点和事例关联在一起进行思考时，横向思考的能力就全面体现出来了。而且长期进行横向思考的练习，还可以提升我们的思维弹性，让大脑中积存的知识变得更有生命力。

那么如何具体进行横向思考的练习呢？只要你尝试着不断地为知识寻找"同类项"就可以了，比如说读《易经》，当看到了"积善之家必有余庆，积不善之家必有余殃"这句话时，能否想到书中另一句"善不积不足以成名；恶不积不足以毁身"？又是否能想到《三国志》当中的"勿以恶小而为之，勿以善小而不为”？

再比如说，当读到《道德经》中“合抱之木，生于毫末；九层之台，起于垒土；千里之行，始于足下”这句话时，能否想到《劝学》中的“不积跬步，无以至千里；不积小流，无以成江海”？在读书的过程中，如果能够时常地进行这种横向的思考，那我们的思维弹性就能得到极大的提升，学习能力也将得到质的飞跃。

在横向思考的过程中，我们不仅要寻找相同的结论，还要围绕着同一结论去寻找更多的事例。比如说我在读稻盛和夫的《六项精进》这本书时，读到了稻盛和夫所提出的“付出不亚于任何人的努力”“要谦虚，不要骄傲”“要每天反省”“活着，就要感谢”“积善行，思利他”“不要有感性的烦恼”这六项精进的修行。当我读到每一项精进时，我都会刻意展开横向思考，去寻找更多的事例来联合思考书中的知识。

当时读到“付出不亚于任何人的努力”时，我想到了《史蒂夫·乔布斯传》中乔布斯在设计iPhone时的尽善尽美，想到了《列奥纳多·达·芬奇传》中列奥纳多画鸡蛋的不厌其烦，还想到了《曾国藩的正面与侧面》中曾国藩半夜背书的刻苦用功等等。由于我在读书的过程中刻意保持着横向思考，所以我的大脑一直是处于“浮想联翩”的状态中，在不断地对知识进行“兼收并蓄”。

读书中只要能持续地做到举一反三、温故知新。那么我们就能一步步地让原本略显碎片化的知识变成一个更加完整的认知系统，从而全面提升我们的思考能力。

但是练习横向思考并非是一蹴而就的事情，因为书籍本身就像是一个光学仪器，它可以帮助读者发现自己的内心，而读者所能读到的，也只是存在于自己内心的东西。所以说横向思考的效率是取决于一个人自身的知识储备量，如果我们自身是丰富的，那么横向思考会更加轻松、更加全面。

总而言之，横向思考就是在用我们自身的知识、经验和阅历去读一本书，最终通过横向思考将所有零碎的知识互相打通，产生关联，形成整体。

7.2.3 纵向思考——跨界式思维

你能否把两个看起来完全不相关的事物联系起来进行思考？

事实上，万事万物都遵循着特定的结构关系，而在不同的事物之间往往出现极为相似的结构关系。比如一轮弯月和一叶扁舟，如果你能够发现不同事物之间存在着相似的结构关系，那么你就掌握了纵向思考的能力。

你能把力学原理和人际关系联系起来进行思考吗？你能找到中药配方和管团队有什么相似之处吗？

其实纵向思考就是一种多维度理解事物的能力，它需要我们用比喻化的思维方式把两个不同的事物联系起来进行理解，然而二者在实际上并没有什么关联。

比如说人和人之间的关系就像力学中的作用力与反作用力，当我们对对方好时，对方才会反过来对我们好。这种用比喻的方式把两个完全不相关的事物联系起进行理解，就是在纵向思考了。

其实中国古代的智者们都很善于纵向思考，就比如说老子在讲道的时候，就会用水来做比喻，比如“上善若水，水善利万物而不争，处众人之所恶，故几于道。”“江海之所以能为百谷之王，以其善下之，故能为百谷王”等等。老子在“水”和“道”之间找到了相同的关系结构，进而用水的形态来阐释道，让人更进一步的理解了道的本质，这是非常强大的思考能力。

包括《孙子兵法》中对用兵打仗的诠释也会用水来做比喻，比如“激水之疾，至于漂石者，势也”“兵无常势，水无常形”等。孙子这就是在用纵向思考的方式把水和战争联系在一起进行思考，让人学会像水一样去用兵打仗，要懂得借势和随机应变。

纵向思考有相当的难度，但这也是最具有创造性的思考方式。善于纵向思考的人，总是能将世间万物的形象合并起来进行理解，让知识与知识之间能够进行跨界整合、联合思考。

总而言之，纵向思考能帮助我们打破头脑中不同知识之间的壁垒，使我们在思考事物时更有新意。在读书时不断练习纵向思考，会使我们对知识的理解更通透，也会使我们对知识的诠释更生动。

7.2.4　深度思考——好奇式思维

相比于前两点，深度思考更加容易掌握，也更加容易理解。其实深度思考的本质是在信息内部创造联系，它是一种不断追问为什么的过程。如果我们在读书的过程中，能有追本溯源的好奇心，多去思索表象背后的底层规律，那么深度思考的习惯就算养成了。

坚持在读书时进行深度思考，会有许多明显的好处：

- 提升逻辑思考能力
- 保持对知识的兴趣
- 增强专注力
- 培养独立思考的能力
- 增强学习的探索性和延展性

深度思考具体该如何做呢？其实方法非常简单，我们要学会在人们习以为常的事物中提问，不管多么浅显的问题，都要尝试着去追问——为什么会这样？背后的道理是什么？支持这一理论的逻辑是什么？

比如“大脑的学习原理是什么?”“普通人和高手之间的差距是如何拉开的?”“为什么女生会习惯于手拉手逛街而男生却不喜欢?”等等。

对所有发生的现象，都努力去找到一个解释，去探索它的底层逻辑，而不仅仅是理解一个结论就停止思考，那么我们就做到了深度思考。

关于这种追问深思的能力，我们举一个相对浅显的例子来理解一下，比如在我们上学阶段学习过的《爱莲说》当中有这样的一段脍炙人口的佳句——“出淤泥而不染，濯清涟而不妖”。这段话的文采性很强，把莲花形容得极为漂亮，但是少有人会进一步思考，为什么莲花会“出淤泥而不染，濯清涟而不妖”？这看起来是一个很肤浅的问题，但是它却能让80%的人都保持沉默，无法回答。

其实这个问题的答案早在20世纪90年代就被揭开了，当时德国的一名教授巴特洛特通过实验发现，莲之所以出淤泥而不染，是因为莲叶的表面上有极为细小的纳米级颗粒。如果把莲叶放大1000倍，我们会发现莲叶的表面竟然是由一些凸起的“小山包”构成的，平均大小约为10微米，只有一根头发直径的1/10。再继续放大1000倍，这一个个的“小山包”上面竟然还有一排排更微小的“小山包”，它们小得要用纳米去衡量，只有一根头发直径的1/250。

由于莲叶表面布满了纳米级微颗粒，这使得灰尘、泥巴这种颗粒更大的污垢无法吸附在它的表面上，当水珠从莲叶表面滚过时，污垢会自然随水滑走。后来这种物理现象被科学家称为“莲花效应”，科学界也因此研发出了许多纳米级的防水材料。

去思考莲为何会“出淤泥而不染，濯清涟而不妖”就是一次深度思考。在科学高度发达的今天，我们身边大多数的现象都有着科学的解读，只要我们保持好奇心，不断地去问为什么，不断地去探寻表层事物背后的机理，我们就能够培养出深度思考的习惯。

当你能够不断地提出各种“为什么”的时候，你的思考闸门就会被彻底释放开。与此同时，你读书的效率与动机都会得到全面的提升，此时你每读完一本书，都会想去读更多的书，以找寻更多本质性的答案。

实际上，深度思考的价值在《大学》中也有所体现，这本书是中国古代讨论教育理论的重要著作，它提出了“八目”——格物、致知、诚意、正心、修身、齐家、治国，平天下，这是古代儒家所总结出来的人生成长路径，其中“格物”是“八目”的基石，也是人生修行的第一步。

“格物”的意思就是探究万事万物的规律。而探索的过程，就是深度思考的过程。中国古人把“格物”放在第一位，可见对深度思考的重视程度。

最终，希望你在读书时，能够不断地去追问“为什么”，从而拓展自己的思考边界，提升自己的思考能力。常言道“思考决定行动，行动决定习惯，习惯决定性格，性格决定命运”。总之，不一样的思考会决定不一样的人生。思考力是万力之源，改变自己，我们要从思考开始。

7.3 O：output 内容输出阶段

7.3.1 聪明人讲书，而不是听书

ITO读书法的最后一个阶段是内容输出，内容输出的核心方法有两种，一是写作，二是讲书。而在本节当中，我们重点分享的是如何讲书。说到讲书，有个现象我们不得不先提一下，现如今，讲书不仅仅是一种能力，它俨然变成了一门生意。

2016年是线上知识付费的元年，自此以后，知识付费的概念迅速传播，开始有越来越多的人在线上进行学习，而且大家也逐渐习惯了这种线上的学习模式。

其实线上课程的优势有很多，比如说，种类全、性价比高等，而且不论是什么级别的大咖，课程售价基本都在几十块到几百块之间，这和以往线下动辄“成千上万”的课程相比，要合适得多。

在众多线上课程中，有一类课程十分畅销，那就是讲书类的课程。讲书课程的形式很简单，就是一个老师将一本书挑重点讲一遍，录制成音频或视频后，再挂到各种平台上进行销售。

从早期的樊登读书会，到后来的得到App、每日听书、喜马拉雅的“一书一课”等，讲书类的课程进入“百家争鸣，百花齐放”的状态，市面上开始不断出现各式各样的讲书课程。在短短几年的时间里，讲书变成了一门很挣钱的生意。

在火爆的现象之下，我们不得不反思一个问题，通过听书的方式进行学习，效果真的好吗？——答案是很不好。

还记得我们在第四章讲过的“学习金字塔”理论吗？其中学习吸收率最低的方式就是听课——只有5%的学习吸收率。而线上课一定会比现场课的学习吸收率更低，主要原因有两点：

第一，线上课缺乏现场感，无法形成互动，而且隔着屏幕，老师讲课的感染力也会下降，无法有力地影响听众。

第二，线上课程缺乏约束性，多数人听线上课都是“交叉作业”，有边开车边听的，还有边做家务边听的，等等。看似在学习，但转瞬即忘。

而且读书很重要的一点是培养读者的想象力和思考力，这一过程必须是读者自己动脑。如果读者只是选择接收别人“嚼过”的二手知识，那么就无法培养自己独立思考的能力。在听书的过程中，虽然看似吸收了许多新内容，但思考问题的能力并没有得到提升，甚至会有所下降。

当然，我也不是要完全否定听书的价值，其实利用碎片化时间去听书，是很好的学习补充。但是，我们绝对不能把它当作“主食”，如果一个人采用听书的方式来替代自己读书，那就大错特错了。

根据“学习金字塔”的学习吸收率来看，讲一本书的学习效果要比你去听一本书的学习效果高出18倍，而且讲书还能给你带来更多的好处，比如说：

- 提升你读书的记忆力
- 提升你的语言表达能力
- 帮你吃透一本书中的知识精华
- 整理自己大脑当中零散的思想

- 通过讲书来塑造个人IP形象
- 提升社交影响力
- 增强独立思考能力

所以说，一个真正聪明的学习者，一定要勤于表达，乐于分享，在输入知识的同时，更要注重知识的输出。

7.3.2 讲书人速成指南

讲书的价值虽然很高，但是讲书的难度也很高，那我们如何才能讲好一本书呢？接下来，将为你分享一套讲书人的速成指南，我们也可以把它称之为“思维引导术”。

当你在准备讲一本书时，要提前引导自己回答好以下这些问题：

1. 你读这本书的原因是什么？
2. 这本书能给你的人生带来哪些帮助？
3. 这本书里的主要观点有哪些？
4. 这些观点当中，有哪些能够启发到你？
5. 作者是如何论述这些观点的？
6. 你能否结合自身的经历来谈这些观点？
7. 关于这本书你最大的感悟是什么？

以上这7个问题，足以让你把一本书的精华部分提炼出来，并分享给你的听众。当你思考好以上这些问题时，就可以开始尝试着去分享了。

此时建议你尽量讲得简短一些，尤其是在初期的练习阶段，千万不要想着把整本书都讲给别人听，这是不现实的。第一是时间上不允许，想全面讲透一本书，没几个小时是不可能的，而且你也很难找到这么耐心的听众；第二是根本没必要，我们讲书的目的，不是为了百分百地还原一本书，而是为了分享我们认为最有价值的内容。很显然，一本书不可能从头到尾全都是精华。

一般而言，初期练习讲书时，做10分钟的分享是比较适合的。这样准备内容的压力会相对小一些，而且浓缩到10分钟时，知识的密度也会更高，能倒逼自己少讲废话。

等自身的讲书能力有所提升时，可以逐步尝试做30分钟左右的分享。等水平更高时，就可以尝试着去当读书会的主讲人，办专场的分享会，为更多人讲解好书。

一、讲书公式

严格来讲，前面所提到的7个引导性问题，只能帮助我们找到分享的大方向。然而先讲什么，再讲什么，这个语言的组织结构还需要我们再进一步明确。其实在讲书之前，每一个人都需要先绘制出一个清晰的语言地图之后再去分享，只有这样我们才能够保证在分享时做到条理清晰、重点明确、言之有序。

实际上，讲书的过程就像是一名导游带领游客去参观景区，如果导游自己都不清楚路线，需要边走边找方向，那么结果就是一群人会走得晕头转向。所以在出发之前，一定要规划清楚自己的路线。

为了帮助你更好地理清讲书思路，找出讲书时的脉络和线索，接下来我们将分享一套系统的讲书公式，该公式把讲书的过程分成3个关键步骤，分别是设导入、讲干货和做总结，下面我们说一说每一个步骤具体该如何做：

1. 设导入

开始讲书时，第一步需要先做内容的导入，也就是所谓的开场白。开场白真正的目的是什么？很多人会在开场白时讲一系列客套话，其实这是一种非常错误的选择。讲开场白真正的意义，是去吸引听众的注意力，把听众散乱的思维导入进你的主题当中，让他们产生兴趣，并愿意集中注意力继续往下听。

要想做好讲书的开场白，首先你要避免以下这3种错误的导入方式。

a.“离题万里式”的导入

在开始讲书时东拉西扯，表示自己此时的情绪很兴奋、很激动等，或者讲一些与主题无关的事情，如自己最近去哪里玩了，遇到谁了等。这些跟主题无关的铺垫，都属于“离题万里式”的开场，这会让听众渐渐对你失去耐心和兴趣。

b.“自杀式”的导入

刚一开始就说“哎呀，今天准备得不充分呀，这方面我也不是很专业”这一类的废话，这些语言会让听众产生轻视讲书人的感觉，而且会更加不重视后面所要讲的内容。

c. 没有导入

讲书时，不做任何主题引导就开始讲，此时听众会感觉较为突兀，而且讲书人如果自己不强调分享的价值，那听众也不会自动产生任何重视。

那什么是有效的导入方式呢？方法很简单，我们只需要直观且清晰地告诉听众，这本书能帮助他们解决什么问题，能给他们带来什么好处。也就是给你的听众一个听你分享的理由，否则听众是不会自动对你所讲的内容产生兴趣的。

比如说，你要讲手上的这本《阅读力》，你就需要在第一时间告诉你的听众“这本书可以帮助我们解决‘读完就忘’‘读不进去’‘读得慢’等问题，使大家变成一个高效的阅读者，用同样的时间去读书，能有更多的收获”。同时，你还可以再具体地形容一些大家在读书中遇到的问题，如“买书如山倒，看书如抽丝”“前一秒读完，后一秒就忘”等状况。你的描述越能贴近大家的真实遭遇，你就越能引发听众的好奇与兴趣。讲书前这样做导入才是最有效的。

2. 讲干货

导入过后，就要开始准备讲书中的知识干货了。此处是最让讲书人头疼的，在准备要讲一本书的时候，就会感觉到书的结构是“乱七八糟”的，不知道怎么去讲比较好。此时这本书就像一只刺猬一样，让你无从下手。

其实出现这种现象是很正常的，因为写作追求的是全面，而语言表达追求的是直接，所以写作和讲话是两种不同的思维模式，当你准备用讲话思维去转述写作思维的内容时，必然会遇到一些困难。

为了避免讲书时出现无从下手的现象，建议你保持“成三原则”——每次分享一本书时，只找出最值得分享的三点干货，这样不仅好总结，而且好记、好讲。更关键的一点是，三的边界性会让人在准备时更有目的性，更容易在书中找到希望分享的内容。

此时我们也可以翻开自己的“弹头式”读书笔记，在曾经记录下来的“十大启发点排行榜”里挑选出最有价值的三点去准备讲，这样就足以支撑一次有价值的读书分享。

那么具体该怎样讲好总结出来的三点内容呢？下面给你提供3种分享知识点的语言结构：

a. Q&A法——从问题出发

Q&A就是问题(question)+答案(answer)。这种表述方式非常简单——提出一个值得思考或者值得解决的问题，然后再给出我们（书中）的答案。这套公式最大的价值是在于用发问的方式来进行聚焦，帮助讲书人找准讲干货的发力点。

那么问题从何而来呢？此时你可以围绕所要分享的知识点，反向总结出一个值得深思的问题。实际上，一本实用类书籍的作者在写作时，他一定是在尝试着回答和解决某一系列的问题，所以我们需要做的就是让问题浮出水面。

比如我在准备分享《高绩效教练》这本书时，就提炼了许多Q&A的话题点，在这里为你列举三点：

Q1：卓越教练的本质是什么？

A1：越是卓越的教练，越是善于培养他人的“觉察力”和“责任感”。

Q2：如何让他人自愿承担起属于他的责任？

A2：想让对方自愿承担责任，就要让对方有选择的权利，因为选择意味着主动。

Q3：如何成为一个优秀的教练？

A3：要多关心“为什么”而不是“怎么样”。

当然，在讲书的过程中，我们还需要不断的展开内容，尤其是在A（答案）当中要进行更加具体的论证，要多讲事实。与此同时，将横向思考、纵向思考和深度思考的结果结合起来进行分享，这样会更加完美。

其实从书中知识点里提炼问题并不困难，甚至可以说这是一种比较讨巧的分享方法。但是如何设计出优质的问题是有一定难度的，那么问题该如何设计呢？问题的呈现形式主要有两种，一种是封闭式的，一种是开放式的。只要灵活应用这两种形式，我们就能在讲书中设计出合适的问题来展开分享。

先说说第一种——封闭式。在一个问题当中给出了具体的选项时，这个问题就属于封闭式问题了，比如“当我们长时间读某一本书读不进去时，是强迫自己把书读完，还是赶快再换一本书读?”这种封闭式的问题有利于调动听众注意力，而且引导性和互动性也非常好，但是需要保证问题的选项有一定的冲突性，这样才能够更好启发听众，带动思考。

我们再说说另一种——开放式。如果一个问题没有限定的回答选项，可以让大家自由去想，那么这就是一个开放式问题。比如说“当一个人读不进去书时，用什么办法可以帮他解决?”。在设计这种开放式的问题时，有一个雷区千万不要踩，就是不要设计太难和太宽泛的问题，如果我们问听众“你认为什么是人生?”这样的问题，就很容易引发冷场，因为听众很难快速给出自己的想法，所以问题的难易程度要适中。

总而言之，“Q&A”的讲干货模式，可以让讲书人变得更聚焦，明确自己的分享是在解决什么样的问题和困惑，做到心中透彻，让分享更有目的性和价值感。

b. PRM法——从现象出发

PRM分别是P（phenomenon，现象）、R（reason，原因）和M（method，方法）。在分享一个干货点时，先讲述一个关于这个知识点的事实现象，然后具体分析现象背后的原因，最后再提出干货级的解决方案。

比如，我们想给听众分享“讲书才是最好的读书法”这一知识点，就可以分成以下三个步骤来讲：

P，现象：许多人在读书时会出现读完书就忘的情况；

R，原因：根据“学习金字塔”理论来看，阅读是一种被动式的学习方式，它的学习吸收率只有10%，所以读完之后快速遗忘实属正常。

M，方法：读完书后，试着把书中的内容教给别人。这种分享式的学习方法，能提升18倍的学习吸收率。

c. 2W1H法——从知识出发

2W1H是指what、why、how，分别是“是什么”“为什么”和“怎么用”。2W1H的讲述方式很直接，把知识讲述清楚是核心目标，不用太考虑兴趣的引导，所以更适用于概念性很强的内容。

比如我们去讲述一本书中的某个干货知识点，就可以按照以下这个步骤来：

What：这个知识点的定义是什么？

Why：为什么要学习这个知识点？

How：该如何应用这个知识点？

一开始就开门见山地去解释某个概念，再说说为什么这个概念值得学习，最后再以实例的方式分享如何应用。

2W1H的讲述技巧相对更加简单实用，初期讲书时，建议多使用此技巧。

其实“Q&A”“PRM”“2W1H”都是很实用的表达技巧，是一种可以为听众带去结果的分享方式，所以当你分享实用类书籍的知识时，可以自由搭配以上三种讲书方式，灵活应用。

3. 总结

当你的知识干货讲完时，就要准备收尾了，正所谓“编筐编篓，重在收口”，如果收尾部分出现问题，将会影响你整个讲书的质量，首先说一下你必须避免的3种错误的收尾方式：

a. 断崖式结尾

断崖式结尾的主要特征就是没有设计结尾，在讲完主要内容之后，就突然结束，有一种大脑短路的感觉，没有结尾的收场会让人感觉很随意。这一问题看似有些玩笑，但是在我指导过的讲书人当中，有不少人都会出现这个问题。

b. 裹脚布式结尾

在分享快要结束的时候，语言像老太太的裹脚布一样，又臭又长，结尾的时候啰里啰唆，怎么讲都讲不完，而且也不知道自己该怎样停下来，这种现象会极大地消耗听众的耐心，同时听众会对讲书人产生厌烦的情绪。

c. 自我毁灭式结尾

在正常分享结束之后，由于自己感觉讲得不是很好，就不断否定自己，说自己状态不好、发挥失常、准备不充分、平时不这样等。要注意，这一类的负面语言通通都不要讲，讲了也对你没有任何正面影响。讲完时，你可以请大家给你一些提升建议，但没必要自我否定。

以上的这些结尾方式，都是我在指导讲书人时遇到的真实状况，具有一定的普遍性，需要多多注意。

那最后在结尾的时候怎么讲比较好呢？正确结尾的3个姿势。

a. 回顾总结：把讲过的知识点再回顾一遍。

b. 提炼思想：将本次分享的主题进行升华，拔高度。

c. 憧憬未来：祝愿大家以后如何如何。

无论用以上哪一种方式结尾，最终在结尾的时候，最好都能讲一个金句，金句就是你这次分享的画龙点睛之笔，你可以在书中找到最合适的一句金句进行结尾，也可以用自己想到或收集到的金句进行结尾，这样的结尾是最有力量的。

以上3大讲书步骤“开场导入”“讲干货”“总结”就是讲书人的最佳讲书公式，这也是一份讲书人专属的思路地图。

讲书时大脑中能有清晰的思路，语言就肯定不会迷路。

二、讲书之道

以上全部的内容，就是讲书的核心技巧，但是讲书人能否将技巧用好，关键并不在于技巧本身，而是要懂得“以道御术”。

什么才是讲书人的“道”呢？关键有3点：

1. 第一“道”：心动才能行动

一本书到底要不要讲？能不能讲好？这些问题的根本是在于读者与书的共鸣程度，如果一本书确实能让你心动，能让你产生豁然开朗、茅塞顿开等感受，那就一定要去分享。如果一本书你读完了并没什么感觉，哪怕再经典的书，我也不建议你去分享，因为不能打动你的东西，你也无法拿去打动别人，如果只是为了讲而讲，反而会苦了自己，害了听众。所以，尽量去讲那些能让你心动的书，有心动再去行动。总之，什么影响了你，你就拿什么去影响世界。

2. 第二“道”：利他之心

你讲一本书的目的到底是什么？如果你只是想锻炼锻炼自己，这也无可厚非，但是要记住“得道者多助，失道者寡助”。当一个人讲书只是为了自己，而不是为了别人时，那么谁又愿意总给你当实验的小白鼠呢？正所谓“菩萨畏因，众生畏果”，我们之所以要去讲书，一定是我们发自内心地认为这些书能帮到别人。当我们怀有一颗利他之心时，才能无往不利。

3. 第三“道”：终身学习成长

人的一生如同果子成熟的过程，既不能着急，也不能懈怠，人的努力和天的栽培，能让一棵树静静长高，也能让一个人渐渐强大。人生路上，要坚信读书学习的意义和价值，才能遇见更好的自己。所以说，读书人的最后一“道”就是保持终身学习、终身成长，让人生持续精进，“勿忘勿助，看平地长得万丈高”。

本章总结

1. ITO读书法分为“I”阅读输入、“T”深化思考和“O”内容输出三个步骤，此三者相互循环，形成输入、思考和输出的读书闭环。

2. “I”阅读输入阶段中有观其大略读书法，主要技巧为“略读全书”和“精读目录”。

3. 在读书时，要把书当成笔记本一样去使用，可以尽情地在书上进行标注。有“用横线画出共鸣点”“圈出关键词”“用荧光笔‘敲重点’”“写感悟”“使用便签”共五种形式。

4. “弹头式”读书笔记：读书时要记金句和启发点，注意要“断舍离”，不能全记，尝试只记住其中一个金句和一个启发点。

5. “T”深化思考阶段中的3项思考模式分别为“横向思考”“纵向思考”“深度思考”。

6. “O”内容输出阶段中的讲书公式分别为“开场导入”“讲干货”和“总结”3个步骤。

7. 讲书人要铭记的三“道”：心动才能行动、利他之心和终身学习成长。

Chapter 08

×

第八章

阅读力进阶指南，帮你化身阅读达人

“读书会”和“思维导图”是提升阅读力的两大重要工具，两者都能起到强化内容输出的作用。如果读者能够利用好这两大工具，必定可以成倍提升自己的阅读力。

在本章当中，我们将分享“读书会的建设指南”以及“思维导图速成指南”，帮助读者快速建设出自己的知识输出路径。

8.1　读书会的建设指南

8.1.1　讲书型读书会

前面的章节已经充分论述了讲书的价值，也确定了讲书是知识转换率最高的形式之一。而我们现在面临一个很现实的问题——去哪里讲书？

一般而言，有3条比较便捷的路径可以选择：

第一，自己组织一个小型的家庭读书会，让家人之间互相分享。但是，这一点难度偏高，因为家人之间的约束性普遍很低，而且难以重视起来，所以小型的家庭读书会难以长期维持。

第二，自己录制讲书视频，然后上传到各大短视频平台，如快手、抖音、微信公众号等。这一点的可操作性非常强，但缺点是缺少与人交流讨论的机会，不利于促进思考。

第三，参加一个社会性的读书会，和志同道合的书友进行交流。但这一点也存在问题，就是这些读书会的“游戏规则”未必能满足你讲书的需求。

以上3种讲书途径各有利弊，但我最推荐的是第四种解决方案——自己组局，自己定规则，自己办一个讲书型的读书会。

自己组织读书会的价值有很多，不仅可以提升你的读书效果、锻炼你的讲书能力，同时还可以塑造你的个人IP，打造一个属于你自己的品牌，让你变得更有影响力。

然而办讲书型读书会并不是一件容易的事情，所以在这一章节里，我会将自己创办读书会的经历分享给你，并为你总结了一套组织读书会的全攻略，让你有能力独立打造一个属于自己的读书会。

一、玩转讲书型读书会的四要素

说到这里，想必你会有很多这样的问题：

- 自己一个人怎么办读书会？
- 读书会的流程该如何设计？
- 参加读书会的人都从哪里来？
- 怎样才能吸引别人参加读书会？

我在做读书会的时候，就一直在思考如何有效解决这些问题。直到读了《游戏改变世界》这本书，我才想明白讲书型读书会该如何组织，并且结合实践，我总结出了一套系统的方法。

打造一个讲书型读书会，需要把读书会当成一场游戏去设计。**除了需要有知识性的收获以外，还要充满乐趣，有互动性与挑战性，甚至有令人“上瘾”的感觉。**

如何打造一个这样的读书会呢？有4个关键要素。

1. 设定令人兴奋的目标

组织读书会的第一步，是先立下一个能够令自己兴奋起来的目标。你需要花点时间好好想想，你希望通过这个读书会帮助自己完成什么样的人生任务。目标越能激励到你自己，前进就会越有动力。

在刚开始举办读书会的时候，我定下了“一年读100本书并做50场读书分享”的目标。当想到自己要去实现这些目标时，确实会很激动。

为了实现这个目标，我开始召集一些志同道合的朋友一同去做。毕竟一**个人的努力是加法，而团队的努力才是乘法**，有人一起做时，才更容易实现目标。此时，我也会把这个目标讲给每一个想加入的成员，如果他们能被这个目标吸引，那就说明这是一个志同道合的朋友，可以共同读书交流。如果对方对这样的目标无动于衷，那我们就不必勉强，毕竟“道不同，不相与谋”。

总而言之，先设定一个令自己兴奋的目标，再把目标讲给别人，争取让别人也兴奋起来，从而跟你一同前进。这一幕就像“桃园三结义”，当刘备讲述了自己想匡扶汉室这一目标后，才吸引来了张飞和关羽，最终一步步地成立了自己的蜀汉帝国。

2. 设置阶段性的任务

定下令人兴奋的目标之后，就要把大目标拆解成小目标，变成一系列阶段性的任务。这些任务要有一定的挑战性，但也不可以太难，太难会使人半途而废，相反，也不能太简单，否则会使人感觉到无聊。

阶段性任务可以分为两方面，一方面是读书量，一方面是讲书量。

在读书量方面，定好了年度读书任务后，先把任务平均到每个月上，然后再平均到每天上。比如说，一年想读100本书，每个月就要读9～10本书，每周读2～3本书，那么每天就要保证读完一本书的三分之一左右。当然，每个人都要根据自身的情况来设定目标，但是无论你是想读10本、30本还是50本，都需要把大目标不断进行拆解，最终落实到每一天的行动上。

在讲书量方面，要规划自己的分享次数。比如说，可以每周分享一次，每次讲书10分钟。当然，这个频次和时长也是要根据自身的情况而定，无论怎么样，分享者本人一定要用心去准备讲书，否则就是在浪费时间。

3. 设置反馈机制

想让人喜欢并持续参加读书会，关键是在于如何设置读书会的反馈机制。同样，这个机制也要分为两方面进行设置，一方面是关于读书的，一方面是关于讲书的。

在读书方面，我们可以建立一个聊天群，让所有参与读书会的成员每天在群内进行读书打卡，彼此监督。其中最为关键的是要设立积分反馈制度，比如，每天打卡一次计一分，并在群内公布个人的得分情况，以起到激励和促进的作用。一年后，根据个人的积分进行排名，此时建议给予一些精神奖励，可以以读书会的名义为其颁发一些证书，如“阅读达人”等。

在讲书方面，也要采取同样的积分制度，每次读书会的出勤可以计一分，每次完成讲书的任务可以再计一分。

积分制度的意义在于让目标完成的进度可视化，这就像电脑安装软件时出现的进度条一样，这种进度条就属于一种即时反馈，它可以让人在等待时变得心安一些，因为能时刻知道自己前进了多少，同时还能知道剩下多少。其实分数也是实现自我约束的一种手段，哪怕最后只是为了完成分数而努力，也比放弃要好。

除了积分制度的反馈以外，我们还要建立读书会现场的反馈机制，其实讲书并不是一件容易的事情，所以在刚开始的时候，讲书人是需要相互支持、相互鼓励的，否则大家很难坚持走下去。

那如何相互支持呢？关键就是做到互相倾听。表面上的倾听是很容易做到的，而真正有效的倾听需要丰富的细节。

“听”字的繁体字是“聽”，如果把这个字拆开来看的话，分别是“耳”“目”和“心”。可以说古人造字是很有智慧的，这个“聽”字就是在提示我们要用耳朵、眼睛和心去倾听。

具体要如何做呢？关键有以下4点。

a. 眼神交流

学会用眼睛去“倾听”。讲书人在讲书时，听众需要把目光聚集在讲书人身上，让讲书人感受到被关注。如果听众的眼神四处乱晃，或者是总看向其他地方，这就会给讲书人造成一定的心理压力。此时讲书人会认为是自己讲得不好，导致听众不愿意听，久而久之，会失去参与的兴趣。

b. 点头回应

学会用头去“倾听”。当听众感觉到讲书人的分享有道理时，需要及时地进行点头认可，做出积极的回应，这会使讲书人感觉到很有成就感，从而更愿意分享。

c. 声音肯定

学会用嘴巴去“倾听”。听众需要适当地发出“嗯”“哦”“对啊”“有道理”等声音，让讲书人始终能够得到大家的“在线”反馈。

d. 身体前倾

学会用身体去“倾听”。从心理学上讲，身体向后靠表示拒绝或没兴趣，有一种拒人于千里之外的感觉。所以，听众需要多让身体向前倾，表示自己被内容所吸引，从而形成一个良好的氛围。

《论语》中讲“己欲立而立人，己欲达而达人”，如果你希望自己在分享时能被他人关注，就要做到在别人分享时去关注他人。读书会的成员一定要彼此支持、彼此鼓励、彼此成全。即便是讲书人偶尔讲得不够精彩，我们也要按照这四点进行积极的倾听，以帮助讲书人更好地建立信心，让他们更愿意持续分享。总之，这种方式的倾听，能够给讲书人带来一种成就感，使人变得更爱分享，所以这也是一种“帮着别人讲话”的沟通艺术。

讲书人分享结束后，还要立即进行交流讨论。此时，每个人都需要分享自己所听到的最有价值的内容，给讲书人一个即时反馈，以帮助讲书人找出自己分享中最有意义的地方。其实这一小小的讨论环节，是对讲书人最高的褒奖。

总而言之，在读书会中，人人都要争当优秀的倾听者，给讲书人充分反馈，帮助他们发挥出更好的状态。常言道："爱出者爱返，福往者福来。"在你帮助别人的同时，你也会得到更多的帮助。

4. 感召更多人加入

读书会需要感召的，一定是志同道合的人，如果没有共同的价值观和读书理念，是根本走不远的。所以在人数上要做到宁缺毋滥，把读书会做得小而精，往往是一个更好的选择。

但是不论人多人少，志同道合的人都一定是被感召来的，那在刚开始时我们该如何感召人呢？感召人的关键，就是要学会营销自己，比如说，你可以在朋友圈里分享自己的读书进度，或者写一些书中的精彩内容，从而吸引一些喜欢读书的人关注你。

经营一段时间以后，就可以发一些感召性的话，如"最近读书感悟颇丰，特别想找一些爱读书的小伙伴一起坐谈心得，有没有想一起参与的？"此时有意愿的人就会与你相约了。

以上就是组织读书会的4大关键要素。其实自己办读书会就像是在开一辆公交车，车里的人总会上上下下，没有人可以陪你到最后。每个人都有自己人生的方向，而我们能做的就是携手一段旅程，并在这个过程中增加自己生命的厚度。

二、讲书型读书会的附加价值

办讲书型读书会的价值不仅仅在于讲书交流，其实它还有很多的附加价值。

1. 众行远

组织读书会就是在搭建一个小平台，正所谓"物以类聚，人以群分"，价值观相同的人聚在一起时，能形成良好的氛围，而且这种氛围会化成一种无形的力量，为我们提供长久走下去的动力。

如今有越来越多的人难以静下心来读书，有的人甚至稍微一松懈，就会停滞很长一段时间不读书。然而在读书会当中，彼此可以相互监督、相互提携，正所谓“独行快，众行远”，成立读书会的意义，就是为了让每一个人都能走得更远。

所以说，以前读书靠自己，现在读书靠团队。

2. 多角度思考问题

讲书型读书会的第二个价值，是可以丰富我们思考问题的维度。参与读书会的过程，是一个彼此之间交流的过程，而交流就会促使我们不断地进行换位思考。常言道“三个臭皮匠，胜过一个诸葛亮”，这不是说三个臭皮匠的智商就可以比诸葛亮更高，而是不同的人凑在一起时，可以找出更多的角度去思考问题，最终帮助我们完善思考。

3. 心灵能量的充电站

组织读书会的第三个价值，是让我们在这个大河奔流的时代里多一个心灵能量的充电站。在相互关注、相互学习的过程中，每个人可以去感受不一样的人生状态，此时我们能够远离城市的喧嚣和生活的琐碎，去享受一段充满正能量的时光。

4. 个人影响力的提升

《论语》中说道：“近者说，远者来。”实际上，在组织读书会的过程中，创办者不仅可以提升个人的阅读力、表达力和组织能力，还会在一期期的读书会中，不断提升自己的影响力，从而为自己的人生发展带来更多的帮助与价值。

8.2　思维导图速成指南

8.2.1　什么是思维导图

说完了提升阅读力的第一大工具“读书会”，下面我们来讲一讲第二大工具“思维导图”。这是一个能够帮助你快速提升阅读记忆效果且增强阅读理解能力的超级工具。

思维导图是由“世界大脑先生”东尼·博赞首创的思维工具，它是一种可视化的图表，一种整体性的思维工具，可以辅助我们读书、记忆、学习和创造。这个工具被称为“大脑的瑞士军刀”，也被人们当作“终极思维工具”。

事实上，思维导图就是一种仿生学的笔记，它模仿的是我们大脑中神经元无数突触的连接，符合我们大脑思考事物的逻辑。这种笔记可以使我们在思考时快速分清主次，并直观地看出主要思想是如何彼此联系的，从而提升我们的思考、记忆等一系列脑力工作的效率。

东尼·博赞为什么会想到研究这样的一种思维工具呢？其实他在上大学二年级的时候，就特别想了解人应该如何使用自己的大脑。但是，在当时的人眼里，这绝对是一个令人匪夷所思的问题——怎么会有人想知道自己的大脑是怎样使用的呢？

果不其然，东尼·博赞找遍整个图书馆，并没有发现任何一本书能教他如何使用大脑。于是，东尼·博赞开始自己着手钻研“大脑使用手册”，经过一系列的研究，最终诞生了“思维导图”这一套思维工具。

事实上，人类的大脑十分完美，也十分复杂，如果你不了解大脑处理信息的本质，就会经常出现一些错误的用脑方式，导致思考效率降低、记忆效果变差等结果。总之，对于大脑而言，我们是“顺之则昌，逆之则亡”。

8.2.2 大脑处理信息的本质

身体当中有一类细胞叫作脑细胞，当我们在思考问题时，经常会开玩笑地说“我死了多少个脑细胞”。脑细胞这个东西在我们的大脑中到底有多少呢？它们可能会“死”光吗？

实际上，在人类的大脑当中，有大约1700亿个脑细胞，这个数量是极其庞大的。而在这1700亿个脑细胞中，有约50%是属于精英群体，被称为神经元，总数量大约有860亿个。

神经元的主要功能是什么呢？其实这860亿个神经元就相当于860亿个微数据处理器，每个神经元都可以帮助你储存不同的信息。比如说，当你通过观察和学习记住了一样东西叫作“椅子”，那么“椅子”这个关键词或图像就会被存入你的神经元当中。以后每当你想起或看到椅子时，存储这个信息的神经元就会被激活，而且它还会激活其他相关联的神经元，让你产生一系列的联想。比如说，一提起椅子，你大概率就会想起桌子、木头、餐厅、教室等，而这就是大脑的工作特点——联想。

如果在显微镜下观察神经元，你可以看到它中间是一个圆形的细胞体，在细胞体周围还有无数个细胞突起，你可以把细胞突起想象成无数个抓手，大脑中的每一个神经元，都可以与相邻的10000多个其他神经元发生拥抱和接触。当它们互相连接时，就会彼此激活，让信息相互传递（见图8–1）。

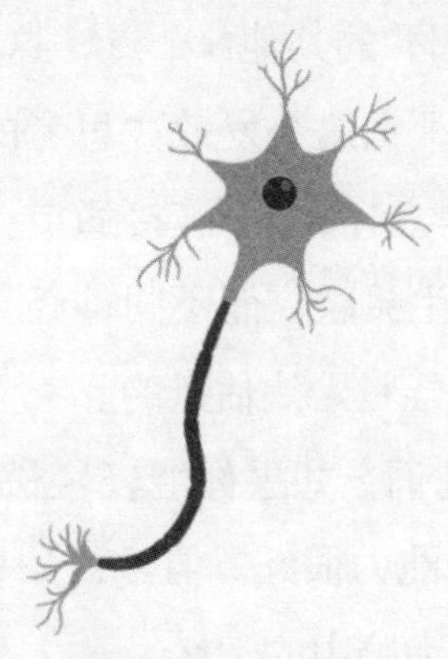

图8-1　神经元

我们用一个互动来理解一下大脑中神经元工作时的状态：

1. 给你一个关键词：苹果。

2. 看到“苹果”这个关键词，你能联想到什么其他事物？

3. 现在将你能想到的事物写下来，至少写出来10个，写在书的空白位置就可以。

写好了吗？这是一个很简单的测试，但是很能说明问题。

不同的人看到“苹果”这个关键词之后，会产生不同的联想，比如说，会想到手机、乔布斯、牛顿、红颜色、甜甜的味道、桌子、树、水果刀、椅子、纸巾、汽水、帽子、衣服、建筑、身材、脸蛋等。跳跃性和发散性思维越强的人，往往会想到的越多，甚至会想到一些看似“风马牛不相及”的事物，就像有人看到了蜘蛛能想到“蜘蛛人”一样。

当一个关键信息出现在你的脑海时，储存这个信息的神经元就会被激活，而与它相关联的记忆，也会被同时激活。就像你看到了“苹果”这个关键词时，你储存“苹果”的神经元被激活，此时与“苹果”相关的记忆就会一一涌现。

通过一点激活了与之相关的其他N个点，这个过程就叫作“联想”，也可以称为“发散式思考”。那么这个发散式思考的范围可以有多大呢？事实上，每一个神经元都可以建立10000个连接通道，也就是说，每个神经元可以和其他10000个神经元发生关联。而不同神经元之间的连接数量更是大到无法想象，所以说人脑的潜能是无法估量的。

关于“苹果”这一关键词，如果你能轻轻松松地写出100多个联想到的内容，就说明你调动记忆的能力很好。但是，如果你想出10个点都很困难的话，就说明你不太善于调动大脑中的记忆。

事实上，一个经常思考的人，他头脑中神经元的连接会更加通畅，头脑也会更加灵活。所以我们也可以说，一个人思维开阔，一定是源于他不断思考。

8.2.3 传统笔记 vs 思维导图

通过对神经元的认识我们就能够理解，人脑并非像电脑一样在进行线性的或序列式的运算，人脑的思考是发散的、多面的。如果我们能够以这种方式进行学习，大脑运转的效率就会变得更快，而且调动起来也会变得更加容易，因为这样的思考节奏符合大脑的工作特点。

然而传统的笔记形式，是典型的线性思维，它一个字接一个字地往下排列，因此绝大部分人在写过笔记之后，几乎都不怎么爱看，主要原因有以下3点：

1. 传统的笔记会让关键词陷入文字海中，变得模糊——“搜寻困难”；

2. 在海量信息中找不到关键词时，大脑就难以引发联想和回忆——“效率降低”；

3. 海量的线性信息会导致大脑感觉到混乱和疲惫，最终大脑会不受控制地“自动关机”。

传统的笔记形式，会把关键词埋没在大量的线性信息当中。因此，每当你回头去看自己的笔记时，你的大脑就会表现得很“不情愿”。而使用了思维导图，恰恰就能避免这些问题，因为思维导图可以顺应大脑的工作原理，让你把注意力都放在关键点和关键词上，并进行发散式和联想式的思考，从而提高了思考和记忆的效率。

8.2.4　绘制思维导图的 4 个步骤

通过以上内容的分析，我们能充分了解到，人的大脑是需要关键点和关键词来激活的。所以，当我们让笔记变成“图像+关键点”时，我们大脑的工作效率就会成倍提升。

那如何绘制思维导图呢？其实方法很简单，下面我们就来说一下绘制思维导图的4个关键步骤：

1. 找一张白纸，在白纸中间建立中心点，写下核心主题；

2. 围绕中心点，画发散式的线条，并在线条上方写下关键词，此时画的是一级分支；

3. 在一级分支的基础上，不断发散下去，开始画二级分支、三级分支……

4. 如果你喜欢的话，还可以在关键词处补充相应的图形，便于强化记忆。

接下来，我们就还以“苹果”为例，来展示思维导图绘制的过程，你现在可以找一张白纸，并按照下面的步骤进行模仿，画一个一模一样的思维导图。

第一步：画中心图像

将关键词“苹果”写在整个画面中间，作为中心点（见图8−2）。

图8-2 思维导图（1）

第二步：画一级分支

画一级分支线，现在想一想，通过“苹果”这一关键词你能联想到什么？初次练习时，画10个一级分支即可（见图8−3）。

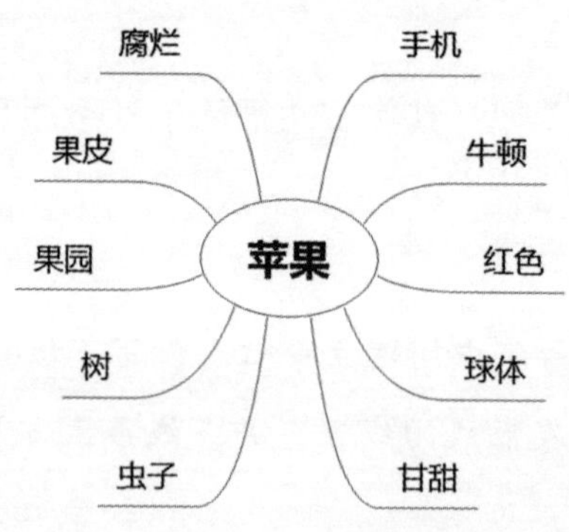

图8-3 思维导图（2）

第三步：画二级分支

接下来，你还可以继续往下画二级分支，比如说，在“牛顿”“树”的基础上，你还能联想到什么？同理，你还可以继续往下发散联想，不断地画出三级、四级的分支（见图8-4）。

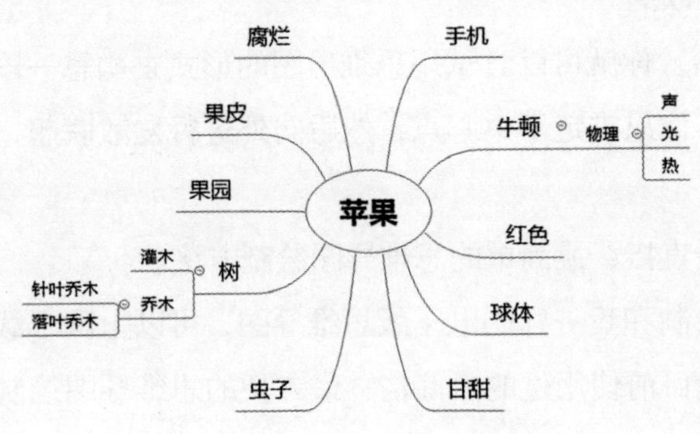

图8-4　思维导图（3）

第四步：画图像

如果你希望提升思维导图的视觉感和记忆效果，那么你还可以添加图像，画一些简单的图形即可（见图8-5）。

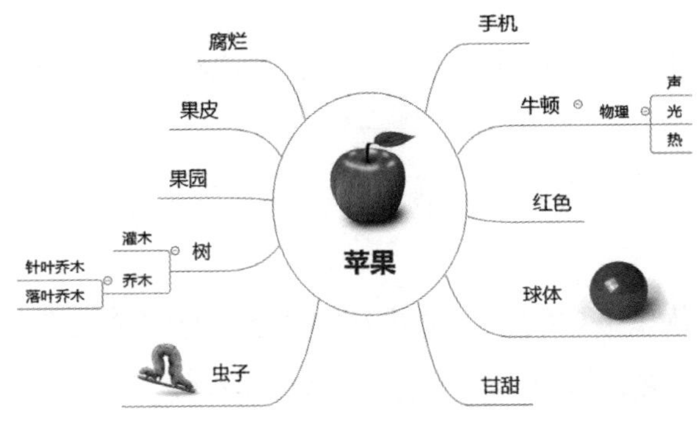

图8-5　思维导图（4）

好了，一张关于“苹果”的思维导图，就这样绘制完成了，是不是很简单？

其实思维导图的绘制方法并不复杂，而且可以根据个人的习惯选择是否画图像。当然，画图像的记忆效果肯定会更好，正所谓“一图胜千言”，图片比文字更能激活你的大脑。但是，如果你没时间画，甚至是不喜欢画，只写关键词也是可以的。

从现在开始，你就可以尝试用思维导图的形式去构思一段演讲、去完成一次读书笔记。你只需定下中心点，然后向外进行发散联想，并不断写下关键点即可。

以上就是最直接、最简单的思维导图绘制方法。

如果你想绘制和我一样的电子版思维导图，可以上网下载“XMind”这款软件，这是我目前使用过的最简洁、最方便的思维导图绘制软件，具体操作非常简单，按“Enter”键时会增加同一层级的分支，按“Tab”键就会延伸到下一层级的分支，剩下的关键词直接拼写即可，非常简单。

8.2.5 如何绘制一本书的思维导图

为一本书画思维导图有两种形式，一种是边看边画，一种是全部读完之后再画。

1. 边看边画

一边读一边做思维导图，就像是在跟作者持续“对话”，可以不断地抓取关键点，让一本书的知识不断被展开，变得清晰、系统。

比如说，你在读这一章节时，就可以边读边画出一份这样的思维导图（见图8-6）。

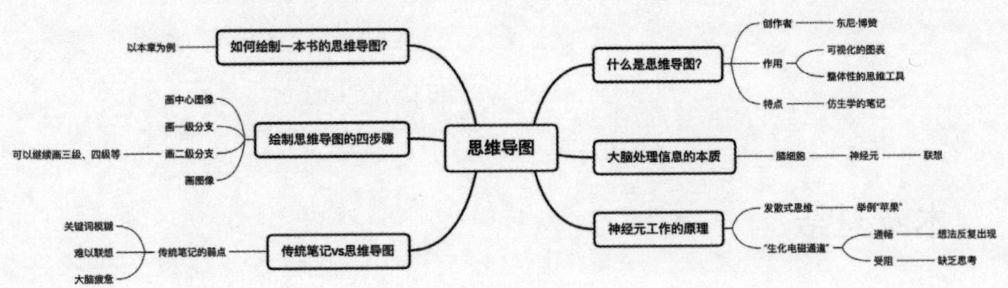

图8-6　思维导图（5）

在边看边画的同时，你还可以不断往上添加自己的感悟和想法，让思维蔓延出去，形成一个更全面的思考。

2. 读完再画

如果是读完书以后再画思维导图，会有一些难度，但却可以检测自己对整本书的理解程度。在画整本书的思维导图时，你不必画下所有的知识点，只要把握主要的脉络即可，步骤如下：

（1）明确主题，将书名写在白纸中间；

（2）由主题向四周发散一级分支，将这本书的核心观点逐一写下；

（3）根据自己能回忆起来的内容，向下延展二级分支；

（4）查缺补漏，看看自己是否有遗漏的内容。

绘制思维导图的价值就是帮助我们提高记忆和思考的效率，让读书不再是漫无目的的复制、粘贴。当我们每读完一本书时，都可以通过绘制思维导图的方式来检验自己是否拥有了这本书的“知识产权”。

本章总结

1.“读书会”和“思维导图”是帮助读者强化内容输出的最好工具。

2. 做好一个讲书型读书会的4大关键要素：设定令人兴奋的目标、设置阶段性的任务、设置反馈机制、感召更多人加入。

3. 组织一个讲书型读书会，可以帮助我们在读书的路上走得更持久；可以帮助我们多角度地去思考问题；可以帮助我们提升心灵的能量；可以让我们的影响力得到更大的提升。

4. 思维导图是一种仿生学的笔记，能更好地调动我们的大脑进行思考，提升我们阅读的记忆力和理解力。

5. 为一本书绘制思维导图时，可以边看边画，也可以等全部读完再画。边看边画能让一本书的思路被清晰地呈现出来；读完再画能有效检验我们对一本书的理解程度。

Appendix

×

附录

科学的脑力管理

随着岁月的流逝和年纪的增长，你是否出现过以下这些状态？

- 感觉记忆力正在变差
- 感觉理解能力正在减弱
- 情绪经常处于低落和焦虑的状态
- 时常会感觉到疲惫
- 在某一段时间里会莫名地缺乏干劲
- 时常控制不住自己的情绪

如果你常常有以上这些状况，就说明你有可能是一个“都市生活综合征”的患者，简单点讲，就是你的大脑正处于一种“亚健康”的状态。这种状态集中表现在记忆力变差、理解力下降、情绪低迷等现象的出现，而这些现象也在向你证明一件事情——你的大脑正在退化！

大脑为什么会出现这一类的问题呢？

这其实源自我们现代都市的生活方式——久坐不动、饮食单调和睡眠不足。非常令人不安的是，绝大部分的人还没有意识到，这些事情正在毁灭着我们的大脑，让我们的大脑产生实质性的萎缩。

很多人都会以为，自己的脑力不够用，是因为上年纪了，但实际上，脑力下降的本质原因是我们的大脑长期缺少管理，“年久失修”后，大脑就会开始逐步衰退。

脑力是一个人学习力的基础，如果你想增强自己的阅读力和学习力，就必须学会维护好你的大脑，否则你的学习效率就会越来越低，状态也会变得越来越差。

因此，本书的最后一站，我将为你科学地分析运动、睡眠是如何影响你大脑的，同时让你掌握更多提升脑力的方式，从而提升读书的效能。

接下来，我们将走进——“科学的脑力管理”！

9.1 运动改造大脑

9.1.1 运动激活大脑

所有人都知道运动有好处，但是却很少有人能坚持运动，这是为什么呢？只是因为懒吗？事实上并非如此，其实大多数人之所以不爱运动，是因为从没真正地了解过运动的价值。

众所周知的运动的好处有：

增强心肺功能；

促进血液循环；

增强新陈代谢；

降低血压；

提升韧性；

增强骨质；

减少多余脂肪；

增肌塑形；

减缓压力；

……

然而运动的好处就只有这些吗？其实运动对于我们而言，是一把能够打开超级脑力的黄金钥匙，长期坚持运动，能强健我们的大脑，让读书和学习更有效率。

很多人都知道村上春树是一名优质的高产作家，但很多人不知道的是，他在生活中还是一位runner（跑步者），从他下决心写作那天起，他就开始过上了异常自律的生活。他每天早上5点起床，晚上10点就寝，每天写作4个小时，长跑10公里。为什么村上春树会如此坚持跑步呢？他说："如果以后的漫长人生打算当小说家活下去的话，必须找出能维持体力、保持适当体重的方法不可。"

成功人士之所以热爱运动，其实不仅仅是为了强身健体，而是他们清楚地知道，身体越好，头脑才会越灵活，做事才能事半功倍。我相信，如果你真正明白了运动对大脑的好处后，你就一定会把运动当成生活的一部分，而不是当成一个被迫去做的事情。

9.1.2　运动中不为人知的 4 项好处

除了日常的强健身体以外，运动还有4项鲜有人知的好处，接下来我们就逐一说下这些好处：

1. 运动提高读书与学习的效率

早在2007年的时候，德国人就发现，人在运动之后再进行学习，学习效率能有效提升20%。也就是说，运动可以明显改善我们的学习投入产出比。

而这一结论也在美国的内珀维尔203学区得到了实践，这所学校曾经做过一项关于运动的实验，叫作“零点体育课”。在这里上学的学生，每天到学校的第一节课就是晨跑，而且每个学生都需要跑完1600米。

半个学期的实验后，学校惊讶地发现，学生们的阅读能力和理解能力整体提高了17%，后来这所学校就决定将“零点体育课”延续下去。借助运动的力量，这所学校的教学质量得到了大幅的提升，最终从一个普通学校逆袭成为当地最优秀的学校。

所以说，适量的运动，完全可以让我们的学习效率得到提升，这就是运动对大脑的第一个好处。

2. 运动预防大脑萎缩

目前有一种疾病正困扰着整个世界——阿尔茨海默病，这种病就是人们口中常说的老年痴呆症，其实这是一种进行性发展的神经系统退行性疾病，它无法治愈，而且还是一个会持续恶化的致死性疾病。

引发这种疾病的原因有很多，但从根本上来看，它的症状就是大脑机能的崩坏和萎缩。虽然说这个病症无法治愈，但却可以通过运动的方式进行有效的预防。斯坦福大学医学院神经科主任弗兰克·隆戈曾说：“唯一在医学界被确定能预防阿尔茨海默病的方法就是运动。”而且研究表明，坚持规律运动的人，患上阿尔茨海默病的概率会非常低，要比缺乏运动的人群低10倍左右。

所以说，运动可以让我们的大脑保持持久的活力，避免萎缩退化，防止疾病的来袭。

这就是运动对大脑的第二个好处。

3. 运动增强记忆力

科学研究发现，有氧运动可以有效逆转记忆力下降的问题。因为运动时，我们的大脑会分泌脑源性神经营养因子，这是大脑的生长激素，它可以增加大脑中新生脑细胞的数量，同时还能促进神经元的生长。

西澳大学的妮可拉·劳滕施拉格尔在《美国医学协会期刊》的报告中也表明，定期参加身体锻炼的老年人，在坚持运动24周之后，再测试他们的记忆力和注意力时，均有明显提高。

可以说，运动对脑力的提升是很显著的，这就是运动对大脑的第三个好处。

4. 运动改善情绪

你身边有没有一些情绪总是很低迷的人？如果一个人的情绪长期处于低迷的状态，大概率就是因为长期缺乏运动的结果。

现代都市的工作模式，常常会让人在狭小的空间里久坐不起，而这种生存状态是违背人天性的。当一个人长期久坐，并不断重复单调的工作时，他的大脑就会产生“疲劳毒素”，如果不能及时释放这些“毒素”，日积月累后，就会使人的状态持续低迷，缺乏活力。

其实瑞典的科学家早就已经通过科学实验发现，运动可以有效改善人的情绪。还有一个现象可以证明这一点，就是在运动员当中极少有抑郁症患者。即便是有再大的挫折和压力，运动员最后都能承担下来，这就是运动带给人的力量。

总之，保持运动，就能让我们拥有更好的状态，这就是运动对大脑的第四个好处。

9.1.3 从科学的角度认知运动

当你读到上面的内容时，你在大脑中是否会闪过以下这些问题：

（1）运动为什么会让人的头脑变灵活？

（2）运动后我们的身体到底发生了什么具体的变化？

（3）这些结论有科学原理作为依据吗？

如果你现在能想到这些问题，那么恭喜你，这说明你已经具备了良好的深度思考能力。好了，我们言归正传，接下来，我们将深度分析运动为什么会对大脑有这些好处。

在解释运动与大脑的奥秘之前，我们要先说说“动物”这两个字，如果把“动物”这两个字分开来看，前面就是运动的“动”，后面是生物的“物”，合起来理解就是运动的生物，其实这就是人类的基本特征。

早在几十万年前，人类是依靠狩猎和采集为生的，那时候人类需要长期保持在运动和行走的状态中，否则人就无法得到维系生命的食物。从演化的角度来看，人在运动时，身体会达到最佳状态，因为身体需要给你充足的力量去保证生存。

但是，大约从12000年前开始，人类就从采集文明进入农业文明，此时人类不再需要大量的运动，因为人类种植了小麦，不再需要漫山遍野地去寻找食物了。与此同时，人类也将自己“困”在田地当中，终其一生都在不断地弯腰耕种，不仅辛苦，而且饮食结构也变得单调乏味了。但这种变化也是有好处的，因为人类有了稳定的食物来源，能够让生存和繁衍更有保障。

《人类简史》的作者尤瓦尔·赫拉利就认为，农业革命是“史上最大的骗局”，因为农业革命并没有给人类带来更加美好的生活，反而让人生变得更加局限了。

时至今日，我们生活的配套设施变得越来越便利，这个社会给了我们充分的理由可以久坐不起。但是这种生活状态违背了人的天性，久而久之，我们身体的机能开始退化，大脑也变得不够灵活，会出现情绪低落、状态低迷，甚至抑郁等现象。

那为什么运动能解决这些问题呢？这和人类的特性有关系，比如说，原始人在追捕羚羊的时候，以原始人的奔跑速度，是不可能靠爆发力直接抓住羚羊的。但是原始人很聪明，他们会一直追着羚羊跑，不让羚羊停下来休息，最后等到羚羊精疲力竭的时候，再靠爆发力追上去，将其击杀。

正所谓“物竞天择，适者生存”。人类的身体为了适应这种耐力型的狩猎状态，就会不断地朝着这个方向努力进化。当人在追逐猎物时，大脑就会想尽办法让人去完成这项任务，于是，它会开始分泌不同的激素来调整人在狩猎时的状态，让人变得更加专注、乐观、有耐力。

那么我们在运动时大脑都会分泌什么激素呢？有血清素、多巴胺、去甲肾上腺素等。这些激素都有着不同的价值和作用。

血清素：它可以帮助人控制情绪，使人的状态保持平静。如果说一个人身体缺乏血清素，就会很容易出现一系列负面的状态，如易怒、焦虑、疲劳、焦躁不安、注意力涣散等。这些状态是极其不利于狩猎的，如果一个人在狩猎时出现以上这些问题，就会出现差错，甚至是半途而废。总之，缺乏血清素会让人难以控制情绪。如果你经常会出现这些负面状态，很可能就是长期缺乏运动，血清素分泌不足所引起的。

多巴胺：这是一种极其重要的神经传递物质，它可以给人带来喜悦感和兴奋感。我们在运动中能感受到快乐和愉悦，主要就是多巴胺的功劳。人类的大脑为了保证自己的身体愿意去狩猎，就会让人在追逐猎捕时分泌多巴胺以此感受快乐，这样人才会乐此不疲地去追赶猎物。这是生存的法则，也是基因的智慧。

去甲肾上腺素：这是一种神经传递物质，属于一种“战斗型”激素。据目前的科学研究来看，科学家认为它能够增强注意力、认知力和行为动机。

可以说运动就是一款完美的“健脑药品”，运动时所分泌的激素能强化大脑、增强神经元连接，提高学习力、记忆力和理解力，同时还能改善情绪，让人保持一种积极的状态。

总而言之，越运动，脑力越好，读书越有效！

9.1.4 合理的运动计划

我始终坚信一点，一个人的改变，一定是先从认知的改变开始的。前面之所以会深入分析运动的原理，就是希望你能真正理解运动的好处与价值。

如果你现在确实认为自己需要运动了，那么我们就开始去做一个系统的运动规划。

规划一：运动的项目

整体来看，运动的项目可以分为有氧运动和无氧运动两种。

有氧运动的特点：运动的强度较小、持续性较久，而且运动时呼吸顺畅、心率平稳——大约120～150次/分钟之间。

无氧运动的特点：运动的强度较大、爆发力较猛，运动时呼吸急促、心率加快——大约170～190次/分钟之间。

为了能更持久地运动，我并不建议做无氧运动。因为做无氧运动时，由于速度快、爆发力强，氧气的摄取量会非常低，此时人体内的糖分往往来不及经过氧气分解，会导致身体不得不依靠“无氧供能”。这种运动会使人体内产生过多的乳酸，使肌肉疲劳，让人感到肌肉酸痛，导致人较难保持长期运动。

而有氧运动则没有以上这些问题。因为有氧运动并不激烈，人体能得到充分的供氧，达到生理上的平衡。在有氧运动中，血液可以供给心肌足够多的氧气，而氧气能充分燃烧体内的糖分，还能够消耗体内多余的脂肪、增强和改善心肺功能、预防骨质疏松、调节心理和精神状态，甚至让大脑变得更加敏锐。

常见的有氧运动有瑜伽、步行、慢跑、骑自行车、打太极拳、跳健身舞等。在这里，我最想推荐的有氧运动就是跑步，我在写书的这个阶段就在一直坚持晨跑，当时还成立了一个“百日晨跑——运动重塑大脑”的微信群，带动大家一同跑步。这个过程中，我影响了很多朋友一起加入运动阵营，效果非常显著。

规划二：运动的时间

一般而言，清晨和傍晚两个时间段最适合运动。对于跑步而言，通常我都会建议晨跑，由于工作性质的不同，并不是每一个人都能够在傍晚坚持运动，加班、应酬等情况就会打乱我们运动的节奏，如果运动的时间不固定，我们就很难养成良好的运动习惯。

而清晨时间的可控性恰恰比较强，无论什么情况，你只要"逼迫"自己早起20分钟，就能完成清晨运动的任务。而且常言道"一日之计在于晨"，清晨是我们一整天的黄金时间，清晨运动可以唤醒我们整个人的精神，让我们充满活力。

所以说，清晨是最有价值的运动时间。

规划三：运动的强度

有些长期不运动的人，一旦下定决心去运动，就会变得雄心壮志，生怕对不起自己好不容易燃起的运动小火苗，此时容易进行"放飞自我"式的运动——运动过量。

如果运动过量了，整个人就会浑身酸疼，容易使自己进入一种"运动休眠状态"，这时需要通过长期的休息来缓解身体和心灵的双重"伤痛"。

其实过量或过强的运动，都是难以坚持的，刚开始运动时，一定要学会降低运动的强度。如果你平时不经常运动，那么建议你在初期进行低强度的运动，如晨跑1公里。相对而言，这是一个易完成、强度低、好坚持的运动量。总之，运动这件事，贵在坚持。

相信运动后的你，不仅会看到自己在脑力上的变化，同时还会感受到整个人状态上的变化。从明天开始，就请穿上你的运动衣、运动鞋，然后在寂静的清晨中聆听着自己脚步的声音，并感受着每一滴汗水滚落时的火热。

9.2 睡眠养护大脑

9.2.1 好睡眠等于好大脑

在你的一生当中，什么事情是你花费时间最多的？答案一定是睡觉，因为平均而言，每个人的一生大约都会有三分之一的时间是处在睡眠状态中，可以说睡觉占据了我们一生中最长的时间。

大自然不会让没有道理的事情发生，人之所以会花这么长的时间去睡觉，是因为它能让剩余三分之二的人生过得更有质量。实际上，睡眠对人的好处真的是远远超乎我们的想象，长期保持充足睡眠的人，会拥有更健康的身体和更灵敏的头脑，因为优质的睡眠能够增强人的免疫系统，平衡体内激素，加快新陈代谢，提升身体活力，甚至能够改善大脑的功能。

而且研究表明，人在睡眠时，只是看似进入了一个静止状态，其实大脑的内部依旧在高速地运转，此时你的大脑会自动进行修复，并处理你在白天所收集到的信息。

所以说，睡眠不仅仅帮助人恢复精力，它还可以提升你大脑的可塑性和认知能力。

9.2.2 睡眠是一场“世纪大战”

虽然说睡眠的价值非常高，但是你现在的睡眠时长和睡眠质量有保障吗?

据不完全统计，在全世界当中，大约有六成以上的人，都存在着不同程度的睡眠问题。在2018年，中国就已经有38. 2%的人患有失眠症，其中还有10%是重度失眠的状态，失眠症的入门标准是躺下后30分钟内无法入睡。

如此庞大的“失眠群体”，在以前是很难看到的，因为以前并没有这么多便利的人造光源，太阳下山后，大部分人都会进入休息状态，晚上即便是想熬夜，都没有熬夜的“资本”。

但是，当社会进入工业化和信息化的时代之后，人的生活模式发生了巨大的变化。从电灯的发明到电力系统的建设，再从手机的普及到各种娱乐社交App的推出，这些都在让我们不断地模糊黑夜和白天的界限，并不断地推迟睡觉的时间，扰乱自己的生物钟。

有的人是不断熬夜赶工作，有的人是玩手机玩到放不下，总之，睡眠问题俨然变成了一个全人类的“世纪难题”。

9.2.3 睡眠不足有多可怕

长期的睡眠不足会对人产生什么影响?

第一方面的影响，反映在情绪和心理上。长期缺乏优质睡眠会使人情绪失控，变得暴躁易怒，而且还会引起社交退缩感，甚至会患上抑郁症。

第二方面的影响，反映在身体上。长期缺乏优质睡眠的人，会常常感觉到恶心、食欲不振。时间久了，还会出现头晕、偏头痛、视力模糊、出虚汗、激素紊乱、内分泌失调等现象，甚至连反应能力也会变差。

第三方面的影响，反映在智力上。长期缺乏优质睡眠，记忆力会明显滑坡，而且脑力下降得极快，不仅头脑的敏锐度会变差，还会越来越难以集中注意力。

可以说，长期的熬夜和睡眠不足，就是一个人“自我毁灭”的开始。

9.2.4 睡眠的本质

人在睡觉时，是有周期存在的，每一个睡眠周期是90分钟。一般而言，成年人一晚上需要4～5个睡眠周期，也就是6～7. 5个小时的睡眠时间。

而且国际睡眠医学学会还将睡眠周期分成了5个阶段，也就是每一个睡眠周期都会经历5次变化。

阶段1：入睡期

当你在床上躺到昏昏沉沉、睡意蒙胧的时候，就会进入睡眠周期的第一阶段，此时大脑的脑波频率渐缓，振幅不断变小。

阶段2：浅睡期

此时，身体的心率和体温会开始下降，如果此时有噪声的话，人会很容易被吵醒。

阶段3、4：熟睡期和深睡期

这个阶段的人是很难被叫醒的，如果你很不幸地在这个阶段被闹铃吵醒，那你醒来时会感觉到头昏脑涨、迷迷糊糊的。为什么此时醒来会这么痛苦呢？这是因为你的身体并不希望你起床，睡眠到这个阶段时，你的身体正在进行生理修复，比如说，你的大脑会分泌生长激素，以促进新细胞生长和组织恢复，让你恢复生机和活力，如果此时被强行打断，你的身体就无法完成生理修复。所以“聪明”的身体会想办法让你感受到困意，以便让你继续休息，完成身体的修复。

阶段5：快速眼动期

这是一个完整睡眠周期的核心，处在这一睡眠阶段的人，大脑会非常活跃，脑波的状态和人清醒时的状态相近，而且眼球还会快速地转动，此时你正在做梦。如果你在这个阶段被叫醒，你肯定会报告说自己正在做梦，而且还能想起来梦的内容。如果你不在这一阶段醒来，你就不会发现自己做过梦，但事实上，你一晚已经做过很多次梦了。

快速眼动睡眠阶段是我们提升脑力的最佳时刻，这时候人脑内的蛋白质合成增加，而且神经元的突触会增加新的连接，大脑会开始自动整合记忆，有很多人曾说在睡觉中获得了艺术创作灵感，其实都是这个阶段的睡眠所产生的效果。

总之，如果你想保证良好的睡眠，就要以90分钟为一周期去计算你的睡觉时间，保证自己一晚上能有4～5个完整的睡眠周期，而且要尽量避免自己在3、4这两个阶段醒过来。如果你是在晚上10点钟睡觉，就可以选择在早上5点半醒来，如果你在4点钟之前醒来，那么这时你正处于睡眠的3、4阶段，就必然会感觉到睡意蒙眬，头昏脑涨。

9.2.5　睡眠的管理

如今，顶级的运动员几乎都配备了专业的睡眠教练，以保证运动员能达到最佳精神状态。然而对于大众而言，这样严格的睡眠管理是无法实现的，但我们也可以通过一些简单有效的方法来提高睡眠质量。

为了保证优质睡眠，我建议你提前做一些战略性的准备，准备分为两个层面，一方面是卧室硬件上的准备，一方面是睡前的准备，首先说一下卧室的硬件方面。

硬件准备1：卧室的颜色

你要避免自己的卧室里出现大红大紫等刺激性颜色，尤其是你的被子、床单、枕头等，因为这些颜色有较强的刺激性，容易使人产生亢奋的情绪，导致难以入睡，如果是婚房则另当别论。整体而言，卧室最好是以温和的暖色调为主，如暖黄色、米灰色、原木色等，这些颜色会使人感觉到放松与惬意，更能让你轻松地酝酿出睡意，并快速地进入睡眠状态。

硬件准备2：卧室的布置

混乱的房间会使人在心理上产生压抑感，而干净整洁的房间会使人心情放松舒畅，所以卧室应布置得简约，不必追求复杂豪华。

硬件准备3：卧室的灯光

卧室中最好不要安装照明度太高的冷光灯，因为强烈灯光的照射会使你的身体分不清黑夜白天。当你的身体感觉不到天黑时，它就不会分泌褪黑素。褪黑素是人产生困意的关键，没有它你就无法入睡。因此，我们的卧室适合布置一些昏黄的灯光，尤其是一些昏暗的暖光灯、地灯或壁灯，这些灯光会营造出一种落日余晖的氛围，让你的身体能感受到夜晚来袭，从而产生睡意。

硬件准备4：床垫的选择

床垫不是越贵越好，只有合适的才是最好的。什么是合适的？主要是判断软硬程度，当你侧躺在床垫上面时，如果身体能处于水平的状态，那这个床垫的软硬程度就很合适你。如果躺下时出现了头过高、过低，或者是感觉到了身体倾斜、受力不均等情况，那这个床垫就不适合你，因为它会影响你的躯干和血液循环，时间久了会伤害身体。

接下来是睡前的准备。

睡前准备1：放下手机

很多人喜欢在晚上临睡前翻翻手机，点开各种各样的App和世界互动。

请注意，手机的屏幕会发出蓝光，这种光线对视觉神经的刺激很厉害，会促使人分泌皮质醇，让人变得兴奋，从而变得难以入睡。如果你想改善睡眠质量，就必须戒掉睡前看手机的习惯，最好在临睡前1小时左右不再碰手机。

睡前准备2：避免洗热水澡

睡觉前要避免洗热水澡，也要避免用热水泡脚，水温控制在38～43℃为宜。水温过高会导致体温上升，这会使人的血液循环加快，变得燥热，难以入睡。

如果想洗澡的话，建议洗温水澡，最好能通过温水将体温下降1～2℃，因为人在睡觉时会散发热量，体表温度还会略微上升，提前降温可以促进睡眠。

睡前准备3：睡前阅读

在睡前准备中，怎么能少得了读书呢！最后希望你在睡前，能静静地看半小时的书，我相信这将会是你一整天里最美好的时光。如果你安排在晚上11点睡觉的话，那你就可以在10点30分的时候开始阅读，半小时后你就可以优雅地合上书睡觉了。

睡前阅读还有一大好处，就是在睡眠过程中，你的大脑还会继续帮你处理学到的东西。在快速眼动睡眠阶段，你的大脑会增加神经元之间的连接，整合零碎的记忆，这些都可以有效地增强你的读书效果。

保持每天睡前读书30分钟，这不仅能让你提升睡眠质量，还会让你在一年当中多出182.5个小时的读书时间，这些时间大约可以读20本书，如果你每年都能多读20本书，相信你的人生一定会有所不同。

- 优质的睡眠，可以让我们的大脑变得更加敏锐；
- 优质的睡眠，可以让我们的情绪变得更加稳定；
- 优质的睡眠，可以让我们每一天都能精力满满。
- 坚持做睡眠管理，用睡眠养护大脑，从而换取更加高效的阅读力。

脑力是阅读力的基础，只有做好脑力管理，才能享受更高效的阅读力，可以说，真正的高手都在运动、睡眠上下足了功夫，毕竟身体才是革命的本钱。

本章总结

1. 运动、睡眠是提升脑力的关键，有好的脑力，才能有更好的阅读力。

2. 运动可以激活大脑，甚至可以提升学习效率、增强记忆力、改善情绪并且预防大脑萎缩。

3. 运动之所以可以重塑大脑，是因为运动时大脑会分泌多巴胺、血清素、去甲肾上腺素等神经传递物质。

4. 建议多做有氧运动，最好是进行晨跑，而且要在初期时控制好运动量，不宜太多，以避免自己坚持不下去。

5. 睡眠不足会严重影响一个人的脑力，为了保证一个优质的睡眠，你需要调整卧室内环境的布置，并且改变睡前习惯。

后记

历经两年多的时间，这本书终于完成了。在写作的过程中，我从起初的兴奋，到后来的挣扎，再到最终的平静，情绪如同四季一般，一直不断起伏、不断更迭。在这个过程中，我经历的一切比预想的更不容易，好在得到了许多益友的帮助。在这里，特别感谢我的助理孙杨老师在写作过程中给予我的陪伴与帮助，还要感谢为我提供了宝贵建议的学员们——贾紫月、李洁、李昇、冯博，正是在大家的帮助下，这本书才得以完成，由衷地感谢每一位支持和帮助过我的人。

关于读书，杨绛先生曾说过一句话，她说："年轻的时候以为不读书不足以了解人生，直到后来才发现，如果不了解人生，是读不懂书的。读书的意义大概就是用生活所感去读书，用读书所得去生活吧。"对读书的理解，这是我听过的最好的诠释。其实生活和读书是不可分割的，我们要学会在两者之间保持一种平衡——既不可忙于生活而疏于读书，更不可陷于读书而忽略生活。

保持中庸，让一切都恰到好处，才是人生最大的智慧。

最后的最后，我想再分享几句关于读书的话：

1.世界上没有最好的书，只有最适合你的书。每个人在不同的人生阶段中，适合读的书都是不一样的。

2.读书不要一门心思地求快，要以读懂为先决条件，糊里糊涂地快读，不如不读。

3.记住一个“新知识”的最好方式，就是将其与熟悉的“旧经验”联系在一起。

4.总说自己没时间读书的人，往往不是真的没时间读书，而是真没把读书当回事儿。

5.我们使用时间的方式，就是我们塑造自己的方式。

6.你能表达出来的知识，才是真正属于你的知识。

7.在讲书这条路上，不要等到自己很厉害了再开始，只有我们开始了，才能变得很厉害。

唐琪凯

2020年7月25日